NAMAZ RİSALELERİ

SUFİ

BEDİÜZZAMAN SAİD NURSİ

SUFİ KİTAP

ISBN: 978-975-9161-26-2
1. BASKI: SUFİ Eylül 2007
KİTAP YAYIN NO: 27 TASAVVUF SOHBETLERİ DİZİSİ: 03
EDİTÖR: Reyhan Sarıkaya

YAYIN GÖRSEL KONSEPT: grataNONgrata
BASKI ve CİLT: SİSTEM MATBAACILIK
Yılanlı Ayazma Sok. No:8
Davutpaşa-Topkapı-İstanbul
Tel:(212) 482 11 01

SUFİ KİTAP
ALAYKÖŞKÜ CAD. NO: 11 34410 CAĞALOĞLU-İSTANBUL
TEL: 0212 511 24 24 FAKS: 0212 512 40 00

www.sufi.com.tr sufi@sufi.com.tr

SUFİ KİTAP, BİR TİMAŞ BASIM TİCARET VE SANAYİ AŞ. KURULUŞUDUR.

SUFİ
KİTAP

NAMAZ RİSALELERİ

BEDİÜZZAMAN SAİD NURSİ

hayırlayan:
Sadık Yalsızuçanlar

İÇİNDEKİLER

Huzur'a Yükseliş: Namaz

Elinizdeki kitap, namaza ilişkin ayet ve hadislerden, çeşitli yazılardan ve Bediüzzaman'ın namazla ilgili çeşitli risalelerinden oluşuyor.

Dinin direği olan ve çekilmesi halinde dinin yıkıldığı bu kuşatıcı ibadet, ilk insan ve ilk Peygamberden bugüne, bütün semavi öğretilerin emrettiği bir kulluk şekli olagelmiştir.

Namaz, kulun Allah'ın yüceliği karşısında eğilmesi ve alçalmasıdır.

İnsan Allah'ın azameti karşısında ne kadar çok alçalırsa o kadar çok yücelmektedir.

Namaz, yaratılmışların kulluklarını bünyesinde toplar, her var olanın tesbih ve zikrini içerir, her şey ve herkes adına insan tarafından gerçekleştirilir.

Her şey Allah'ı yücelterek anmakta, zikir ve tesbih etmektedir.

Namaz, bütün bu hamdlerin toplamı ve en yetkin örneğidir.

Namaza has makam, "Gayret Makamı"dır ki, Allah, "Gayur" ismiyle, kulunun, kendisinden başkasıyla ilgilenmesini istemez.

Namaz, kurbet (yakınlık) yeridir.

Hz. Musa'nın Tur dağında, "Sana nasıl yakınlaşabilirim?" sorusuna Allah'ın verdiği: "Bana, bende olmayan bir şeyle yaklaşabilirsin, yani zilletle, alçalarak." cevabının kâmilen gerçekleştiği bir ibadettir namaz.

Kendisi de bizatihi bir mirac olan namaz, Efendimiz'e (sav) miracında bütün insanlık adına verilmiş en değerli armağandır.

Evimizin önünden akan ve günde beş kez girip arındığımız bir ırmaktır.

Namaz, bir kutsi hadiste buyrulduğu üzere; "Kul ile Allah arasında ikiye bölünmüş bir münacat"tır.

"Musalli" kelimesinin bir anlamı da, "yarışta ikinci gelen at" demektir.

Demek ki insan namazda ikincidir ve birinci daima Cenab-ı Hak'tır.

Namaz, Allah'ın yüksek huzuruna girmek, O'nun dergâhının kapısını çalmak, "olma" halini arındırmaktır.

Kuran'da namazla zekâtın birlikte anılmasının sırrı buradadır.

Zekât, "sahip olma"nın temizlenmesi, namaz ise "olma"nın arınmasıdır.

İnsanın varlığı namazla temizlenir, anlamlanır ve şereflenir.

İnsan, Allah'ın huzuruna namazla girer, yeryüzünün halifesi olmaya liyakat kazanır, varlığının hikmeti ve sırları böylece gerçekleşir.

Namaz, Bediüzzaman'ın dediği gibi, "Kâinatta imandan sonraki en yüksek varlık"tır.

Namaza ilişkin ne kadar söylense ve yazılsa azdır.

Bu çalışmamızla, Bediüzzaman'ın namaza ilişkin yorumlarını derli toplu bir biçimde sizlere sunmaya, namazın sırlarına doğru bir yolculuk yapmaya çalıştık.

İşaratu'l-İ'caz'da atıf yapılan, İbn Arabî'nin *Fütuhat*'ındaki namaz bahsini de kısaltarak aldık.

Atilla Ataman'ın çevirisinden okuyacağınız bu makalede, İbn Arabî'nin zengin dünyasına da uğramış olacaksınız.

Kitapta ayrıca, Bediüzzaman'ın yaşamından namazla ilgili kesitler bulacaksınız.

Vefalı ve sadık talebelerinin dilinden onun namazına ilişkin çeşitli anılar okuyacaksınız.

Namazımızın her daim mirac olması dileğiyle...

Kusurlar bizden, güzellikler O'ndandır.

Sadık Yalsızuçanlar

I.
Namaz Risalesi

"(Ey Muhammed!) Kitaptan sana vahyolunanı oku, namazı da dosdoğru kıl. Çünkü namaz, insanı hayâsızlıktan ve kötülükten alıkoyar. Allah'ı anmak (olan namaz) elbette en büyük ibadettir. Allah yaptıklarınızı biliyor."

(Ankebut Suresi, 45)

"Namaz dinin direğidir. Onu bırakan dinini yıkmış olur."

Hz. Muhammed (sav)

"Meleklerin Rableri huzurunda saf bağlayıp durdukları gibi saf bağlasanız ya!"

Hz. Muhammed (sav)

Beni Kendinde Münacata Çağırdın, Geldim İşte Kapındayım

Arınıyorum işte. Sana geliyorum.

Eşiğin temiz.

Arınarak geliyorum.

Su toprağa akıyor. Toprak benim. Toprak bedenim.

Su kaynağım. Toprak kökenim.

İki kaynak arasındayım.

Su olmasaydı toprakla arınacaktım.

Kollarımı yıkıyorum.

Yıkadıkça kaynağıma dönüyorum.

Ellerimi, ayaklarımı, yüzümü yıkadıkça aklım temizleniyor. Aklım asli saflığına dönüyor.

"Ey çaresiz aklım!" diyorum. Kendine özgü kulluk yerine yönel ki sana kelamını okusun.

Kendi itikadından soyun. İtikat akittir. Akit bağ demektir. Bağlama kendini. Onu sınırlayamazsın boşuna uğraşma. Çaban beyhude. O hiçbir tasavvura sığmaz.

Sen hiçbir itikatla sınırlanamazsın hissediyorum.

Sen her yerdesin her zamansın.

Ne yer ne zamansın sen. Sen yersiz, zamansızsın.

Tekrar yıkıyorum ellerimi yüzümü.

Yüzümü değil aklımı yıkıyorum.

Ey akıl itikadından soyun! Sana seslendiği vakti söyle, O'na ne cevap vereceğini düşünme. Sen de bağsın. Çık aradan. Unut içindekileri. Bana hiçbir şey veremezsin bunu söyle.

Beni terk et.

Yalınlaştır beni, ey aklım!

Sen kendi kavrayışın içine nasıl sığıştırabilirsin suyu?

Toprağı nasıl bağlarsın? Bu sınırlayıcı tasavvurunu terk et.

Biliyorum bana cevap veremezsin.

Bir cevabın yok. Bana seslenemeyeceksin biliyorum.

Senden kurtuluyorum yüzümü yıkadıkça.

Ağzımı yıkadıkça, ellerimi ayaklarımı yıkadıkça senden arınıyorum.

Şimdi bir isminin gölgesindeyim hissediyorum. Adını görüyorum sadece.

Bunu bilmem bir şeyi değiştirmeyecek biliyorum.

Olabilir veya var olmam ancak seninledir.

Şimdi tedbirinin altında bulunduğum ismin sesleniyor:

"Ben Rabbinim" diyor... Evet, sözün gerçektir. Ama sana cevap veremem.

Ancak "Sen en büyüksün" diyebilirim.

Evet evet sadece bunu söyleyebilirim.

"Allahuekber" diyorum farkında olmaksızın. Adının anlamını bilemem. Sen bilinemezsin biliyorum. Sadece senin önünde eğilinir. Sadece sana baş eğilir. Bütün isimler seni işaret eder. Tecelli niteliğinledir. Seni hiçbir yüceltme tanıtmaya yetmez. Seni hiçbir aşkınlık aşamaz. Sen bütün aşkınlıkları aşansın.

Beni kendinde münacata çağırdın; geldim işte kapındayım.

Çift kanatlı, kündekarlı kapıyı aralıyorum: Kimse yok!

İçerisi loş. Pencerelerden süzülen ışıklar karanlığı kesiyor.

Mihraba yakın bir yere geliyorum.

Yürüdükçe merdivenden yere iner gibiyim.

Beni bağışlarından nasibimi almaya çağırıyorsun.

Gönlümü alçaltıyor, beni yoksullaştırıyorsun.

Azalıyor, hafifliyor, yalınlaşıyorum...

Her tekbirde ellerimi kaldırıyorum, o tecellide bana bağışladığın geride kalıyor.

Verdiğini heybeme atıyorum.

Daha büyük bir nuru istiyorum.

Senin büyüklüğüne sınır mı var?

Bu tecellide bana gösterdiğin, bir sonrakinden küçüktür görüyorum.

Feyzin kesilmiyor, artıyor.

Bağışlamayı bırakmıyorsun.

Yücelmeyi bırakmıyorsun, alnımı eşiğine koymak istiyorum.

Sendeyim, seninleyim, huzurundayım.

Kıbleye yönelmenin sırrını öğretecek misin?

Ruhum sana söylüyorum, "İnceliğinle bana perde olma!"

Bedenim sana söylüyorum, "Yoğunluğunla bana perde olma!"

İçimdeki kıble sana söylüyorum, "Dışımdaki kıbleyi örtme!"

Dışımdaki kıble sana söylüyorum, "İçimdeki kıbleyi örtme!"

Nereye dönersem döneyim oradasın.

Çizgilerim, köşelerim, kırıklarım, kesiklerim yok oluyor, dairevi bir yüze dönüşüyorum; bedenim yüze dönüşüyor, yüzden ibaretim artık.

O'nu sen övdün. O'na sevgilim dedin.

O'na bağışladığın kelam bütün sözleri saklar.

O sözlerin tümüyle yakarıyorum sana.

Açılıyor kapılar.

Giriyorum:

Bir kapı daha.

Giriyorum:

Bir kapı daha.

Giriyorum; bir kapı daha...

Kapılar açıldıkça, açılıyor gözlerim.

İki yönü var onun, bir ortası ve iki yönü birbirine bağlayan bir bağı var.

Ona sen mi fatiha dedin?

O fetih midir?

Okudukça açıyor.

Açılıyor okundukça.

Oku onu. Açıl... açıl... açılıyor işte.

İlk halka bu.

Işık değil nur bu.

Işık değil görüyorum onu... başım dönüyor... halılar, duvarlar, mihrap, minber, avize, ışıklar, hatlar, kubbe dönüyor.

Daha önce gördüğüm ışıklara benzemiyor.

Işıktan bir daire beliriyor.

Ondayım.

Oradayım şimdi.

Dönüyorum.

Ayaklarım yerden kesiliyor.

Dilimden kendiliğinden dökülüyor kelimeler.

Ne okuduğumu bilmiyorum.

"Sadece sana kulluk eder sadece senden..." Nurdan bir dairedeyim şimdi.

Dönüyorum. Dönerken okuyorum bunları.

Dilimden dökülen kelimelere bakıyorum. Yıldız tozları gibi uçuşuyorlar. Onlara gülümseyerek bakıyorum.

Kalbimi görüyorum. Bir et parçası değil, ışık parçası.

Yanıyor.

Kalbim fanus gibi ışıyor.

Fatiha'yı kendinle benim aramda ikiye mi böldün?

İlk dört ayeti kendine mi ayırdın?

Son üç ayeti bana mı veriyorsun?

"Ancak senden yardım isteriz..." Bununla beni kendine mi bağlıyorsun?

O berzaha mı beni çağırıyorsun?

Parlak tecellileri bununla mı açıyorsun?

Hem Rablığın hem kulluğun anlamını mı gizliyorsun?

Yedi niteliğini mi taşıyor o?

Bir yönü sende diğeri bende mi gerçekleşiyor?

Birinci menzildeyim.

İlk adımı attım. Korkmuyorum artık. Benden korkuyu gideriyorsun.

İnişin ilk aşamasındayım.

Gökle yer arasında; kıyamın resmi olan rububiyetle, secdenin resmi olan ubudiyet arasındaki berzahtayım.

Burada yüksek ve alçak olan birleşiyor.

Gökle yer kavuşuyor. Yerden göğe yükselirken bu berzahtan geçiliyor.

İşte benim çifte tabiatım.

Göğsüm hırıldıyor.

Göğsümden sesler çıkıyor.

Bedenim titriyor. Neler oluyor bana? Korkuyorum. Neler oluyor Allahım tut beni!

Dönüyorum yine. O daireden geçiyorum yeni bir daire açılıyor.

Başım dönüyor, doğruluyorum.

"Allah kendine hamd edeni işitmiştir" diyorum.

Sesim çıkmıyor. Bu ses benim değil.

Bunu sen söylüyorsun. Benim dilimden sen söylüyorsun.

Tekrar yere eğiliyorum. Sana yükseliyorum tekrar.

Yeni bir daire daha beliriyor. Yakınlaşma isteğiyle tutuşuyorum.

Senin gibi iniyorum. Gecenin üçte birinde dünyanın birinci göğüne inişin gibi eğiliyorum secdeye. "Secde et yakınlaş" diyorsun. Seni duyuyorum. Bana eğil diyorsun. "Bana bir adım gel sana koşayım" diyorsun. Benim kalbim buna nasıl dayanır? Eğiliyorum. Alnımı yere koyuyorum. Alnımı yere değil ellerine bırakıyorum. Toprağa dönüyorum. Aslıma dönüyorum. Kalıyorum orada. Ellerini hissediyorum…

Nurdan bir menzil burası. Seninle buluştuğumuz yer burası.

Senin kokunu duyuyorum. Senin gözlerine bakıyorum.

Tecelli kısa sürüyor. Belirip belirip yitiyorsun.

Sen kaybolmuyorsun benim gözlerim kesiliyor.

Gözlerim yetmiyor. Yağ gibi akıyor. Beni yakınlığa çağırıyor ismin.

Sen sevgilisin ben sevenim.

Sevgili olsaydım bana "Secde et yakınsın" derdin.

Bana, "Secde et, yakınlaş!" dedin, sevgili sensin.

İçimdeki düğümler çözülüyor. Bağlar gevşiyor. Tüy gibi hafifliyorum.

Yerçekimsiz gibi. Hiçbir ağırlık hissetmiyorum.

Tenimi, etimi, kemiğimi hissetmiyorum.

Adımı bilmiyorum. Alnımı tutuyorsun. Beni alnımdan kavrıyorsun.

Ellerinden alnıma akan feyiz kesilmiyor hiç.

Beni baştan çıkaranı, Şeytan'ı görüyorum. Onun etkisinden uzağım artık.

Bana hiçbir şey yapamıyor. Beni etkileyemiyor.

Bir daire daha var orayı geçemiyor.

Çizginin dışında donmuş, kaskatı duruyor.

Bana bakıyor ağlıyor.

"Sen" diyorum, "Ağlar mıydın hiç?"

"Beni" diyor, "Büyülüyorsun. Sen alnını yere koyunca ben çaresizleşiyorum.

Beni donduruyorsun. Artık benim etkimden uzaksın.

Sana hiçbir şey yapamam."

"Peki" diyorum, "Niçin ağlıyorsun?'"

"Ona secde etmeyişimi düşünüyorum."

"Kime?" diyorum:

"Âdem'e" diyor.

"Ee ne var bunda? Senin seçimindi bu."

Akıbetimi görüyorum.

Şeytan gözden yitiyor.

Şimdi toprak alnımı öpüyor. Kendi aslımı öpüyorum.

Aslım bana dokunuyor. Aslımla buluşma yerim burası.

Kaldırıyorum alnımı, tekrar koyuyorum.

Bu kez daha uzun sürüyor.

"Allahım" diyorum; "Gözlerime aydınlık ver."

Gözlerim ışıyor.

"Ellerimi aydınlat.'"

Ellerim ışımaya başlıyor. Ellerim kor gibi yanıyor. Alnım ışıyor.

"Allahım, kulağıma bir nur ver!"

Bir ses duyuyorum: Bu senin senin. Sadece senin sesini duymak istiyorum.

Beni başka seslere sağırlaştır.

"Sağıma bir nur ver, soluma, önüme, ardıma, üstüme, altıma bir aydınlık ver..." Alnımı koyduğum yer ıslanıyor. Hıçkırarak ağlıyorum. Sesim camide yankılanıyor. Sesimi duyuyorum. Sesim sesine karışıyor. "Beni nur kıl" diyorum.

Sesim yankıyor.

"Beni nur kıl" diyorum.

Duvardan, kubbeden, mihraptan ses geliyor:

"Beni nur kıl."

"Sen nursun" diyorum.

Ses geliyor: "Sen nursun."

"Beni sen kıl" diyorum.

"Beni sen kıl" diyorum, yankılanıyor sesim:

"Beni sen kıl Allahım."

Sesim dönüyor tekrar: "Beni sen kıl Allahım."

Susuyorum...

Alnıma sesin çarpıyor: "Seni nur kılacağım."

"Allahım, beni benden al ve biricik varlığım ol ki, gözlerim sadece seninle görsün."

"Seni nur kılıyorum" diyorsun.

Sesini duyuyorum, beni nur kılıyorsun. Ağır ağır doğruluyorum.

Son kez oturuyorum.

Gökleri ve yeri altı günde yarattın, sonra arşı kuşattın.

Arşı kuşatır gibi oturuyorum. Artık bir perde kalmadı.

Gözlerim hafifliyor.

Bedenimi hissetmiyorum.

Kendimi hissetmiyorum. Kalbimi kavrıyor, tutuyorsun.

Onu avuçlarında görüyorum. Sadece gözlerim kalıyor.

Yalnızca onu biliyorum. Senden başka bir şey görünmüyor.

Son sözüm "Hu!" oluyor.

"Hu" diye bitiriyorum.

Bitmiyor başlıyor, her şey şimdi başlıyor.

Adımımı hayata atıyorum. Ayağımı usulca bırakıyorum oraya.

Orada can veren ismin açılıyor.

O kapıdan giriyorum. Seninle başladım, seninle bitiriyorum.

Bir isminin gölgesinden bir başka adının esenliğine geçiyorum.

"Hu"dan "Selâm"a geçiyorum.

"Selâm" senin ismindir, seni selâmlıyorum.

Selâm senin güzel isimlerindendir, sevdiklerini selâmlıyorum.

Kayboluyorum artık. Kendimi o kaybın içinde bulmak istiyorum.

Artık ayrılık zamanı!

Veda selâmı veriyorum sana.

Beni benden aldın, senden ayrılıyorum.

Kendimi sana bıraktım, dönüyorum Rabbim.

Namaz Dinin Direğidir

"Sana kitaptan vahyedileni oku ve namazı dosdoğru kıl, gerçekten namaz kötülüklerden ve çirkinliklerden alı koyar."

(Ankebut Suresit, 45)

Doğrudan bir "namaz risalesi" olarak da okunabilecek olan Dördüncü Söz, Bediüzzaman'ın, hakikati, bir meselin içinden anlatma eğiliminin güzel örneklerindendir.

Meselin kendisi de hakikatin dile geldiği dolaysız bir ifade alanı olur O'nun kaleminde.

Dördüncü Söz'de yine birçok meselde olduğu gibi iki "yolcu" vardır. Bir sultan, emrindeki iki kişiyi iki günlük uzaklıktaki bir çiftliğe gönderir ve her birine yirmi dört altın verir.

Hikâye, gerçekten daha gerçek olduğu için, biz, "namaz"ın hakikatinin anlatıldığı bu metindeki mecazları kolayca çözebiliyoruz.

İki yolcudan biri, kulluk bilincinde olan mümini, diğeri Allah'ın emirlerine uymayan asi kimseleri ima eder. Yirmi dört altın, bir günlük (yirmi dört saat) ömrü, çiftlik cenneti, istasyon kabri ifade eder.

Rabbimiz bizden, yirmi dört saatin bir saatini "namaz" için geri istiyor.

Kuran'ın beyanı ile "Malımızı kendisine satmamızı" emrediyor.

Yirmi dört saatin bir saati, abdestle birlikte beş vakit namaza yetiyor.

Tabi, bu, sadece namaz kılarken O'nu tanıyıp itaat etmemizi gerektirmiyor. İnsana yakışan, namaz dışında da namazdaymış gibi davranmaktır.

Namaz, bütün yaratılmışlar adına Rabbimize yaptığımız en geniş ve zengin kulluktur.

"Küllî" bir ibadettir namaz, namazdaki hallerimiz (kıyam, rükû, secde ve celse) yaratılmışların hallerini; bitkilerin, hayvanların ve insanların yeryüzündeki duruşunu simgeliyor.

Namaz ayrıca, Rabbimizin, bir kutsi hadiste buyurduğu üzere; "Allah ile kul arasında ortak bir münacattır."

Namazın farzlarından olan Fatiha'nın ilk yarısının kula, diğer yarısının Allah'a dönük oluşu da bunu gösteriyor.

Dördüncü Söz'de Bediüzzaman, namazı, "Allah'a ibadet etmek için yaratılan insan" açısından nasıl vazgeçilmez ve merkezi öneme sahip bir ibadet şekli olduğunu da anlatıyor.

Bu risaleyi, "Namaz dinin direğidir" hadisinin şerhi olarak okumak yerinde olacaktır :

Dördüncü Söz

Rahman ve Rahim olan Allah'ın adıyla.

"Namaz dinin direğidir."

Namazın ne kadar değerli ve önemli, hem ne kadar ucuz ve az bir masraf ile kazanılır, hem namazsız adam ne kadar divane ve zararlı olduğunu iki kere iki dört eder derecesinde anlamak istersen, şu temsilî hikâyeciğe bak, gör:

Bir zaman, bir büyük sultan, iki hizmetçisini, her birisine yirmi dört altın verip, iki ay uzaklıkta, kendine ait güzel bir çiftliğine gönderir. Ve onlara emreder ki:

"Şu para ile yol ve bilet masrafı yapınız. Hem oradaki eviniz için gerekli bazı şeyleri satın alınız. Bir günlük mesafede bir istasyon vardır; hem araba, hem gemi, hem tren, hem uçak bulunur. Sermayeye göre binilir."

İki hizmetkâr ders aldıktan sonra giderler. Birisi bahtiyar idi ki, istasyona kadar bir parça para masraf eder. Fakat o masraf içinde, efendisinin hoşuna gidecek öyle güzel bir ticaret elde eder ki, sermayesi birden bine çıkar. Öteki hizmetkâr serseri olduğundan, istasyona kadar yirmi üç altınını harcar. Kumarda kaybeder. Bir tek altını kalır. Arkadaşı ona der:

"Yahu, şu liranı bir bilete ver. Tâ, bu uzun yolda yayan ve aç kalmayasın. Hem bizim efendimiz kerimdir; belki merhamet eder, ettiğin kusuru affeder. Seni de uçağa bindirirler. Bir günde memleketimize gideriz. Yoksa iki aylık bir çölde aç, yayan, yalnız gitmeye mecbur olursun."

Acaba, şu adam inat edip, o tek lirasını bir hazinenin anahtarı olan bir bilete vermeyip, geçici bir lezzet için günahlara harcasa; gayet akılsız, zararlı, bedbaht olduğunu en akılsız adam dahi anlamaz mı?

İşte ey namazsız adam!

Ve ey namazdan hoşlanmayan nefsim!

O hâkim ise; Rabbimiz, Yaratıcımızdır.

O iki yolcu ise; biri dindar, namazını şevk ile kılar; diğeri gafil, namazsız insanlardır.

O yirmi dört altın ise, yirmi dört saat her gündeki ömürdür.

O çiftlik ise, cennettir.

O istasyon ise, kabirdir.

O seyahat ise; kabre, ölümden sonraki dirilişe, sonsuzluğa giden yolculuktur. İnsanın yaptıklarına göre, insanı Allah'a yakınlaştıran güzel eylemlerin gücüne göre o uzun yolu çeşitli derecelerde katederler. Allah'a kulluk edenler, şimşek gibi, bin senelik yolu bir günde keser. Bir kısmı da, hayal gibi, elli bin senelik bir mesafeyi bir günde kat eder. Kuran şu gerçeğe iki ayetiyle işaret eder.

O bilet ise namazdır.

Bir tek saat, beş vakit namaza abdestle yeter.

Acaba, yirmi üç saatini şu kısacık dünya hayatına harcayan ve o uzun sonsuz hayatına bir tek saatini sarf etmeyen, ne kadar zarar eder, ne kadar nefsine zulmeder, ne kadar akla aykırı hareket eder!

Çünkü bin adamın katıldığı bir piyango kumarına yarı malını vermekle, akıl kabul ederse -halbuki kazanç ihtimali binde birdir- sonra yirmi dörtten bir malını yüzde doksan dokuz ihtimal ile kazancı kesin olan sonsuz bir hazineye vermemekle, ne kadar akla ve hikmete aykırı hareket ettiğini, ne kadar akıldan uzak düştüğünü kendini akıllı zanneden adam anlamaz mı?

Halbuki namazda ruhun, kalbin ve aklın büyük bir rahatı vardır.

Hem, bedene de o kadar ağır bir iş değildir.

Hem, namaz kılanın diğer dünyevî eylemleri, güzel bir niyetle ibadet hükmünü alır.

Bu şekilde ömür sermayesini âhirete mal edebilir.

Fâni ömrünü bir yönden sonsuzlaştırabilir.

Hayatın Amacı: İbadet

Ey imam, namaza başlarken Allahuekber demenin manası şudur: "Allah'ım, biz senin huzurunda kurban olduk."

Kurban keserken Allahuekber dersin. İşte öldürülmeye layık olan nefsi kurban ederken de bu söz söylenir. O esnada beden İsmail, can da Halil İbrahim gibidir. Can, bu semiz bedenin hevâ ve hevesini kesmek için tekbir getirince beden şehvetlerden, hırslardan kurtulur, namazda "Bismillahirrahmanirrahim" demekle kurban olur gider. Namaz kılanlar, kıyamette olduğu gibi, Allah'ın huzurunda saflar halinde dururlar, sorguya, hesap vermeye, yalvarmaya koyulurlar.

Namazda gözyaşı dökerken ayakta durmak, kıyamet günü dirilerek, kabirlerden kalkıp mahşer yerinde Allah'ın huzurunda ayakta durmağa benzer. Cenab-ı Hakk; "Sana verdiğim bu kadar mühlet içinde ne yaptın? Ne kazandın ve bana ne getirdin?" diyecek. "Ömrünü ne ile ne işlerle, ne gibi ibadetlerle, ne iyilikler yaparak harcadın, bitirdin? Sana verdiğim rızkı, kuvveti, gücü ne ile yok ettin? Gözünün nurunu nerede tükettin? Beş duygunu nerelerde kullandın?

Gözünü, kulağını, aklını, iradeni, bileğini, arşa ait olan bütün bu kuvvetlerini, neye, nerelere harcadın da onlara karşılık, bu dünyada neyi satın aldın? Sana kazma gibi, bel gibi el, ayak verdim. Onları sana ben bağışladım; onlar ne oldular?" Allah'ın huzurunda bunun gibi derde dert katan yüz binlerce haberler, sualler gelir.

Namazda kıyamda iken, kula gelen bu sözlerden kul utanır, utancından iki büklüm olur rukûa varır. Utancından ayakta durmağa gücü kalmaz, rukûda: "Subhane rabbiye'l-azim" diyerek Allah'ın noksan sıfatlardan berî olduğunu söyler.

Sonra o kula Hak'tan ferman gelir; "Başını kaldır da sorulan sorulara cevap ver." denir. Kul utana utana başını rukûdan kaldırır; fakat dayanamaz; o günahkâr, utancından yine yüz üstü yere kapanır.

Ona tekrar; "Secdeden başını kaldır da, yaptıklarından haber ver." diye ferman gelir. O bir kere daha utanarak başını kaldırır ama dayanamaz yine yılan gibi yüz üstü düşer.

Cenab-ı Hakk; "Tekrar başını kaldır da söyle, yaptıklarını kıldan kıla, birer birer senden soracağım." diye buyurur.

Allah'ın heybetli hitabı, onun ruhuna tesir ettiği için, ayakta duracak gücü kalmamıştır. Bu ağır yük yüzünden ka'deye varır, dizleri üstüne çöker. Cenab-ı Hakk ise; "Haydi söyle, anlat." diye buyurur.

"Sana nimet vermiştim, nasıl şükrettiğini söyle; sana sermaye vermiştim, onunla ne kâr elde ettiğini göster."

Kul yüzünü sağ tarafına döndürür, peygamberlerin ruhlarına ve meleklere selâm verir. Onlara niyazda bulunur da der ki: "Ey mana padişahları, bu kötü kişiye şefaat edin, bu günahkârın ayağı da, örtüsü de çamura battı." Peygamberler selâm veren kula, derler ki: "Çare ve yardım günü geçti, gitti. Çare dünyada olabilirdi, orada hayırlı işler yapmadın, ibadet etmedin, öğünler geçti.

Ey bahtsız kişi, sen vakitsiz öten bir horoz gibisin; git, bizi üzme, bizim kalbimizi kırma."

Kul yüzünü sola çevirir, bu defa akrabalarından yardım ister, onlar da ona; "Sus." derler. "Ey efendi, biz kimiz ki sana yardım edelim, elini bizden çek de kendi cevabını Allah'a kendin ver." derler.

Ne bu taraftan, ne o taraftan bir çare bulamayınca, o çaresiz kulun gönlü, yüz parça olur.

O herkesten ümidini kesince, iki elini açar, duaya başlar: "Allah'ım, herkesten ümidimi kestim. Evvel ve ahir kulunun başını vuracağı, sığınacağı sensin, senin rahmet ve mağfiretine son yoktur." Namazdaki bu hoş işaretleri gör de, sonunda, kesin olarak işin böyle olacağını anla! Aklını başına al da namaz yumurtasından civciv çıkar, yani namazdan manen yararlan, yoksa dane toplayan bir şey öğrenememiş kuş gibi, Allah'ın büyüklüğünü düşünmeden yere başını koyup kaldırma.

Mevlana Celaleddin Rûmî

Namaza, geniş anlamıyla kulluğa ilişkin bir başka "mesel"li risale, Beşinci Söz'dür.

Bu meselde de yine iki ayrı kişi vardır, bu kez bir askeri birliktedirler.

Asker oluşları, "Allah"ın askeri olmakla ilgilidir ve insanın dünyaya keyif çatmak, zevk ve lezzet alarak safa sürmek için gelmediği, dünyanın âhiretin tarlası olması dolayısıyla, çalışmak, kulluk etmek ve âhireti kazanmak üzere gönderildiği hakikati anlatılır bu risalede.

Namaz yine merkezi öneme sahiptir ve bütün ibadetlerin özü ve özeti olarak en başta anılır.

Rahman ve Rahim olan Allah'ın adıyla. "Şüphesiz ki Allah takvaya sarılanlarla, iyilik yapan ve iyi kullukta bulunanlarla beraberdir."

(Nahl Suresi, 128)

Seferberlikte, bir taburda, biri görevinin bilincinde, diğeri acemi ve sadece nefsini düşünen iki asker beraber bulunuyordu. Görevine bağlı nefer askeri eğitime ve cihada dikkat eder, rızkını hiç düşünmezdi. Çünkü anlamış ki, onu beslemek ve ihtiyaçlarını vermek, hasta olsa tedavi etmek, hatta lokmayı ağzına koymaya kadar devletin vazifesidir. Ve onun asıl vazifesi eğitim ve savaştır. Fakat bazı yemek ve askeri araç gereçlerle ilgili işlerinde de çalışır: Kazan kaynatır, karavanayı yıkar, getirir.

Ona sorulsa, "Ne yapıyorsun?"

"Devletin angaryasını çekiyorum" der.

Demiyor, "Nafakam için çalışıyorum."

Yeme içmeyi düşünen ve acemi nefer ise, eğitim ve savaşa dikkat etmezdi.

"O devlet işidir. Bana ne!" derdi.

Daima nafakasını düşünüp, onun peşinde dolaşır, taburu terk eder, çarşıya gider, alış veriş ederdi.

Bir gün, arkadaşı ona dedi:

"Kardeşim, asıl vazifen eğitim ve savaştır. Sen onun için buraya getirilmişsin. Padişaha güven. O seni aç bırakmaz. O, onun vazifesidir. Hem sen güçsüz ve yoksulsun, her yerde kendini besleyemezsin. Hem savaş ve seferberlik zamanıdır. Hem sana, 'âsidir' der, ceza verirler."

"Evet, iki vazife peşimizde görünüyor: Biri padişahın görevidir, bazen biz onun angaryasını çekeriz ki, bizi beslemektir; diğeri bizim vazifemizdir, padişah bize kolaylıkla yardım eder ki, eğitim ve savaştır."

Acaba o serseri nefer, o arkadaşına kulak vermezse, ne kadar tehlikede kalır, anlarsın!

İşte, ey tembel nefsim!

O dalgalı savaş meydanı, bu dağdağalı dünya hayatıdır.

O taburlara ayrılan ordu ise insanlık âlemidir. Ve o tabur ise şu çağın İslam toplumudur.

O iki asker ise, biri dini yükümlülüklerini bilen ve işleyen ve büyük günahları işlememek için nefis ve şeytanla cihat eden Müslüman'dır. Diğeri, bize asıl rızkı veren Allah'ı unutarak geçim derdine ve dünyaya dalıp farzları terk eden, günahları işleyen kişidir.

Ve o eğitim ise (başta namaz olmak üzere) ibadetlerdir.

Ve o cihat ise; nefis ve şeytana karşı vermek zorunda olduğumuz savaştır, ruhumuzu günahlardan ve rezil ahlaktan ve dolayısıyla sonsuz yok oluştan kurtarmaktır.

Ve o iki vazife ise; birisi hayatı verip beslemektir, diğeri hayatı verene ve besleyene bağlanıp yalvarmaktır, Ona tevekkül edip güvenmektir.

Evet, hayatı kim vermiş, yapmış ise; rızıkla o hayatı besleyen ve sürdüren de O'dur. O'ndan başka olmaz!

Delil mi istersin? En zayıf, en aptal hayvan en iyi beslenir; meyve kurtları ve balıklar gibi. En aciz, en nazik mahlûk, en iyi rızkı o yer; çocuklar ve yavrular gibi.

Evet, helal rızkın güç ile olmadığını, belki çaresizlik ve güçsüzlükle olduğunu anlamak için balıklar ile tilkileri, yavrular ile canavarları, ağaçlar ile hayvanları kıyas etmek yeterlidir. Demek, dünya işleri için namazını terk eden, o nefere benzer ki, eğitim ve siperi bırakıp çarşıda dilencilik eder. Fakat namazını kıldıktan sonra, rızkı veren Allah'ın rahmet mutfağında aramak; başkalarına yük olmamak için bizzat gitmek güzeldir, mertliktir. O dahi bir ibadettir.

Hem, insanın ibadet için yaratıldığını, doğası ve manevi duyguları gösteriyor. Çünkü dünya hayatı için gerekli olanı edinmekte serçe kuşuna yetişmez. Fakat uhrevi ve manevi hayatına lazım olan ilim ve ibadet yönüyle diğer canlıların sultanı hükmündedir.

Demek ey nefsim!

Eğer sadece dünya hayatını amaç edinsen ve ona daim çalışsan, bir serçe kuşunun bir neferi hükmünde olursun. Eğer âhireti asıl amaç edinsen ve şu hayatı dahi ona bir araç ve tarla olarak görsen ve ona göre çalışsan, o vakit yaratılmışların büyük bir kumandanı hükmünde ve şu dünyada Cenab-ı Hakk'ın nazlı ve niyazdar bir kulu, mükerrem ve muhterem bir misafiri olursun.

İşte sana iki yol. İstediğini seçebilirsin.

Hidayeti merhameti sonsuz Rabbinden iste.

"Kul, gizli secdelerinden daha üstün hiçbir şey ile Allah'a yaklaşamaz. Yani kendisini Allah'a en çok yaklaştıran evinde kıldığı nafile namazlardır."

Hz. Muhammed (sav)

Cami

Yeryüzü mescittir. Mescit, secde yeridir. İnsanın Allah'a en yakın olduğu andır. Bir kutsi haberde Allah, "Kulum bana bir adım gelirse ben ona koşarım." buyurur.

İnsanla Allah'ın birbirine gidişindeki karşılaşmasına "menzil" denir. Menzillerin en güzeli secdedir.

Müminlerin alnında secdeden ışıltılar oynaşır.

Secde ehli her birey açısından bir toplanma yeri olan cami, aynı zamanda Allah'ın güzel isimlerindendir.

El-Cami, "Allah'ın çevresi" anlamına gelir. Cami bu yönüyle Allah'ın kutsal evidir. Orada farklı dilleri konuşan, farklı işlerle uğraşan, farklı kimlik ve ilgilere sahip müminler bir araya gelir ve Allah'ın "Cami" adı onları toplar.

Al-i İmran suresinde de geçen el-Cami adı, "Bir araya toplama" anlamındadır: "Geleceğinde kuşku bulunmayan günde insanları bir araya toplayan sensin. Şüphe yok ki Allah vaadinden dönmez." (Al-i İmran / 9). Buradaki "toplama" eylemi, secde mahalli olan cami için de geçerlidir.

Allah, el-Cami adıyla tüm var olanları kendinde toplar. Bu adın Konevî'ye göre, sürekli toplama özelliği vardır. Sahip olduğu biricik ilke, "toplama", "bir araya getirme"dir. Konevî şöyle der: "Bu adın ilkesinin tecellisi olarak bütün var olanların düzeylerinin fertleri, Hakk'ın hamdını anmak üzere toplanmışlardır. Madem arz bir mescittir, orada yaşayan insan ve tüm varlıklar sürekli O'nu anıp, O'na hamd ederler. Eğer toplanmanın (cem') otoritesi olmasaydı, Allah'ın isim ve sıfatlarının çokluğu belirmezdi. Mücadele suresinde şöyle buyrulur: "Üç kişilik bir grup yoktur ki dördüncüsü Allah olmasın, beş kişi yoktur ki, altıncısı O olmasın ya da daha az veya fazla." (Mücadele / 7). Demek ki Allah, Cami adıyla toplar ve O'nu tesbih etmek üzere camiye toplanan müminlerin de arasındadır, onlarla birliktedir.

Cami, çokluğun birliğinin de adıdır. O halde birde çokluk, çoklukta da birlik ilkesi tecelli eder. Varlıkların çokluğu birlik ilkesindendir, birliğin tecellisi ise çokluk iledir. Yani var olanlar birbirinin aynı olmadığı gibi gayrı da değildir. Ayrılık vardır ama gayrılık yoktur. Her varlık Allah'ı tesbih eder, varlığın tümü O'na hamd eder.

Biz "çokluğun birliği" ilkesinin kusursuz tecellisini camilerimizde gözleriz.

İslam müminlerinin mabetlerinde çokluğun birliği ilkesi mutlak anlamda gerçekleşir.

Cami kentlerde ilahî merkezdir. İnsanları günde beş kez secdeye çağırır. Kentin dört bir yanından insanlar birer birer gelirler ve orada toplanırlar. Cem' ilkesi çevresinde toplanırlar. Allah'ın el-Cami adının gölgesine girerler. O'na hamd ile tesbihte bulunurlar, kendileriyle O'nun arasında bir merdiven olan namaza dururlar ve O'na uruc ederler. *Namaz müminin miracıdır.* Cami ise, bu miracın mahallidir.

Cami aynı zamanda içinde ifa edilen namazın ruhuna uygun olarak varlık mertebelerinin tümünü ihtiva eder.

Kıyam Rububiyeti, secde ubudiyeti temsil eder. Rukû, ikisini birleştiren berzahtır. Celse, Allah'ın arşı istiva etmesinden kinayedir. Selâm ise O'nun güzel isimlerindendir. Teşehhütten sonra çıkış selâmı O'na verilen veda selâmıdır. İkinci selâm ise, manevi miracın sonunda dönülen varlığa verilen ilk selâmdır.

Camide bu sır gerçekleşir ve mümin namazla birlikte Rabbine doğru yücelir.

Namazın yanı sıra, içindeki kıraatın da caminin gerçeğini taçlandırdığı söylenmelidir.

Cami sadece secde mahalli değildir. Orada müminler birbiriyle buluşur, halleşir, istişare eder, tartışır, tanışır, "Gelin tanış olalım"ın sırrına erer, muhabbet ve şevkle Rabbine doğru kanatlanır. Gündelik yaşamın hay u huyu arasında namaz hem dünya kirlerinden arınmak için bir imkân hem de zihnin çokluktan kurtularak "İlahî Birlik" ilkesine dönüşünü sağlar. Demek ki cami, insan zihninin birliğini de sağlar. O'nu kesretin tabakalarından çekip alır. Sadece müminleri birleştirmez, onları derleyip toparlamaz, aynı zamanda evrenin ilahî birliğini zihnî düzeyde yeniler.

Ne güzel, ne gizemli ve zengin mabetlerimiz var. Selimiye'de kılınan bir sabah namazı, Süleymaniye'de eda edilen bir Cuma namazı, Bayezid Camii'nde Ramazan-ı Şerif'te dinlenilen bir mukabelenin tadı ve hakikati bir başka olmalıdır.

Evlerimiz de mescittir, temiz, arı kalmış her doğa parçası, arzın her yeri de mescittir ama özellikle "Selatin Camileri"miz, Allah'ın el-Cami adıyla tecelli ettiği görkemli mekânlardır. Sadece Osmanlı mescitleri ve camileri değil, İslam öğretisinin indiği andan bu yana dünyanın tüm yerlerinde inşa edilmiş olan o güzelim camiler, çokluğun birliğini sağlamakla kalmıyorlar, bize, hakikat, iyilik ve güzelliğin içkin olduğunu da anlatıyorlar. Bu denli sağlam inanan insan o kadar iyilik üzere olur ki, bu güzellik suretinde taşar. O güzellik, caminin birlik ilkesinin koruyucusu olmasındandır.

Nasıl ki Allah'ın el-Cami adı insanı birliğe çekiyorsa, cami de insanı Allah'ın güzel isimlerinin gölgesine çağırır.

Gelin ve her vakit O'na biatınızı yenileyin.

Siz tevhid ehlisiniz, toplanın, çoklukta birlik olun.

Çokluk aldatıcıdır, camiye koşun, cem olun ve tevhidi gerçekleştirin.

Caminin ruhu birliğin ruhudur.

"Gündüzün iki vaktinde ve gecenin gündüze yakın kısımlarında namaz kıl. Şüphesiz ki iyilikler kötülükleri giderir. Bu, güzelce düşünenler için bir öğüttür."

(Hud Sûresi, 114)

Sonsuz Mutluluğun Anahtarı: Namaz

"Rahmân ve Rahîm olan Allah'ın adıyla."

"Şüphesiz namaz, müminler üzerine belli vakitler için farz olarak yazılmıştır."

(Nisa Suresi, 103)

Bir zaman yaşça, cismen ve rütbece büyük bir adam bana şöyle dedi:

"Namaz iyidir. Fakat her gün her gün beşer defa kılmak çoktur. Bitmediğinden usanç veriyor."

O kişinin o sözünden hayli zaman geçtikten sonra nefsimi dinledim, işittim ki, aynı sözleri söylüyor. Ve ona baktım, gördüm ki, tembellik kulağıyla şeytandan aynı dersi alıyor.

O vakit anladım, o zat, o sözü bütün kötülükleri emreden nefislerin adına söylemiş gibidir veya söylettirilmiştir.

O zaman, ben dahi şöyle dedim:

"Madem nefsim emrediyor, nefsini ıslah etmeyen başkasını ıslah edemez. Öyle ise nefsimden başlarım."

Dedim:

Ey nefis! Bilmediğini de bilmeyecek kadar bir cahillik içinde, tembellik döşeğinde, gaflet uykusunda söylediğin şu söze karşılık, beş uyarıyı benden işit.

Birinci İkaz

Ey bedbaht nefsim!

Acaba ömrün ebedî midir?

Hiç kesin senedin var mı ki, gelecek seneye, belki yarına kadar kalacaksın?

Sana usanç veren, sonsuzluğunu zannetmendir.

Keyif için dünyada sonsuz kalacakmış gibi nazlanıyorsun.

Eğer anlasaydın ki, ömrün azdır, hem faydasız gidiyor; elbette onun yirmi dörtte birini, sonsuz hayatın mutluluğuna kaynak olacak güzel, hoş, rahat ve rahmet bir hizmete sarf etmek için, usanmak şöyle dursun, belki ciddî bir istek ve hoş bir zevk duyardın.

İkinci İkaz

Ey obur nefsim!

Acaba, her gün her gün ekmek yersin, su içersin, havayı teneffüs edersin; sana onlar usanç veriyor mu?

Madem vermiyor; çünkü ihtiyaç tekrarlandığından usanç değil, belki lezzet alıyorsun.

Öyle ise, bir eve benzeyen vücudunda senin arkadaşların olan kalbimin gıdası, ruhumun hayat suyu ve Rabbani latifemin temiz havasını hareketlendiren namazın da seni usandırmaması gerekir.

Evet, nihayetsiz üzüntü ve elemlere maruz ve sonsuz lezzet ve emellere bağlı ve aşık bir kalbin gıda ve kuvveti, her şeye gücü yeten ikramı ve merhameti sonsuz Rabbimizin kapısını niyaz ile çalmakla elde edilebilir.

Evet, şu geçici dünyada hızla ayrılık feryadını koparak giden, daha çok mevcudatla alakadar bir ruhun hayat suyu ise, her şeye bedel bir Allah'ın rahmet çeşmesinden, namaza yönelmekle içilebilir.

Evet, yaratılış itibariyle sonsuzluğu isteyen ve sonsuzluk için yaratılan ve öncesiz ve sonrasız bir Zâtın aynası olan ve sonsuz derecede nazik ve incelikli bulunan bilinçli bir insanî sır, nurlu bir Rabbanî latife; şu ezici, sıkıntılı, geçici ve karanlık olan dünya hali içinde, elbette soluklanmaya çok muhtaçtır.

Ve ancak namazın penceresiyle nefes alabilir.

Üçüncü İkaz

Ey sabırsız nefsim!

Acaba geçmiş günlerdeki ibadetleri, namazın sıkıntısını ve musibet zahmetini bugün düşünüp üzülmek, hem gelecek günlerdeki ibadet görevini, namaz hizmetini ve musibet acısını bugün düşünüp sabırsızlık göstermek hiç akıllıca mıdır?

Bu sabırsızlıktaki örneğin şöyle bir sersem kumandana benzer ki:

Düşmanın sağ tarafındaki kuvveti onun sağındaki kuvvetine katılmış ve ona taze bir kuvvet olduğu halde, o tutar, önemli bir gücünü sağ tarafa gönderir, merkezi güçsüzleştirir.

Hem, sol tarafta düşmanın askeri yok iken ve daha gelmeden büyük bir kuvvet gönderir. "Ateş et!" emrini verir. Merkezi bütün bütün kuvvetten düşürtür.

Düşman işi anlar, merkeze hücum eder, darmadağın eder.

Evet, buna benzersin. Çünkü geçmiş günlerin zahmeti, bugün rahmet haline gelmiş. Acısı gitmiş, lezzeti kalmış; sıkıntısı sevaba ve ödüle dönüşmüş.

Öyleyse, ondan usanç almak değil, belki yeni bir şevk, taze bir zevk ve devama ciddi bir gayret sarfetmek gerekir. Gelecek günler ise, madem gelmemiş, şimdiden düşünüp usanmak ve tembellik yapmak, aynen o günlerde açlığı ve susuzluğu bugünden düşünüp, bağırıp çağırmak gibi bir akılsızlıktır.

Madem hakikat böyledir, akıllıysan, ibadet yönünden yalnız bugünü düşün.

Ve, "Onun bir saatini ücreti pek büyük, zahmeti pek az, hoş ve güzel bir hizmete harcıyorum" de. O zaman senin acı bir tembelliğin, tatlı bir çabaya dönüşür.

İşte ey sabırsız nefsim!

Sen, üç sabır ile yükümlüsün: Birisi kullukla ilgili sabırdır, birisi isyandan sabırdır, diğeri musibete karşı sabırdır.

Aklın varsa, şu üçüncü uyarıdaki temsilde görünen gerçeği rehber edin. Yiğit bir şekilde "Yâ Sabûr!" de, üç sabrı omzuna al. Allah'ın verdiği sabır gücünü, eğer yanlış yolda dağıtmazsan, her sıkıntı ve musibete yetebilir. Ve o kuvvetle dayan.

Dördüncü İkaz

Ey sersem nefsim!

Acaba, şu kulluk vazifesi neticesiz midir? Ücreti az mıdır ki, sana usanç veriyor?

Halbuki bir adam sana az bir para verse veya korkutsa, akşama kadar seni çalıştırır. Sen de tembellik etmeden çalışırsın.

Acaba, bu dünya misafirhanesinde güçsüz ve yoksul kalbine gıda ve elbette bir menzilin olan kabrinde ışık ve herhalde mahkemen olan mahşerde senet ve berat ve ister istemez üstünden geçilecek Sırat köprüsünde burak olacak bir namaz, neticesiz midir?

Veya ücreti az mıdır?

Bir adam sana yüz liralık bir hediye vaat etse, yüz gün seni çalıştırır. Sözünden dönebilir. O adama itimat edersin, fütursuz işlersin. Acaba sözünden dönmek, hakkında imkânsız olan bir Zat, cennet gibi bir ücreti ve sonsuz mutluluk gibi bir hediyeyi sana vaat etse, pek az bir zamanda, pek güzel bir vazifede seni çalıştırsa; sen hizmet etmezsen veya isteksiz gibi veya usançla, yarım yamalak hizmetinle onu vaadinde suçlasan ve hediyesini hafife alsan, pek şiddetli bir uzaklaştırmaya ve dehşetli bir azaba layık olacağını düşünmüyor musun? Dünyada, hapsin korkusundan, en ağır işlerde tembellik göstermeden hizmet ettiğin halde, cehennem gibi bir sonsuz hapsin korkusu, en hafif ve latif bir hizmet için sana gayret vermiyor mu?

Beşinci İkaz

Ey dünyayı tapacak derecede seven nefsim!

Acaba ibadetteki tembelliğin ve namazdaki kusurun, dünyevî meşguliyetlerin çokluğundan mıdır? Veya zamanını geçimin için çalışmaya ayırdığından mıdır?

Acaba sadece dünya için mi yaratılmışsın ki, bütün vaktini ona sarf ediyorsun?

Sen yeteneklerin bakımından bütün canlılardan üstün olduğunu ve dünya hayatı için gerekli şeyleri sağlamakta bir serçe kuşuna yetişemediğini biliyorsun.

Neden anlamıyorsun ki, asli görevin hayvan gibi çabalamak değil, belki hakiki bir insan gibi, sonsuz hayatın için çalışmaktır.

Bununla beraber, dünyevî meşguliyetler dediğin, çoğu sana ait olmayan ve gereksiz bir surette karıştığın ve karıştırdığın boş ve anlamsız işlerdir. En gereklisini bırakıp, sanki binlerce yıl yaşayacakmışsın gibi en gereksiz bilgileri edinmekle zaman geçiriyorsun.

Meselâ, "Zühalin çevresindeki halkalar nasıldır?" veya "Amerika'da kaç tavuk vardır?" gibi kıymetsiz şeylerle değerli zamanını geçiriyorsun.

Böylece gök ilminden ve istatistik biliminden bir kemal alıyorsun!

Eğer desen: "Beni namaz ve ibadetten alıkoyan ve tembellik veren, öyle gereksiz şeyler değil, belki geçim derdidir."

Öyle ise, ben de sana derim ki: Eğer yüz kuruş bir gündelikle çalışsan, sonra biri gelse, dese ki, "Gel, on dakika kadar şurayı kaz. Yüz lira değerinde bir pırlanta ve bir zümrüt bulacaksın." Sen ona, "Yok, gelmem, çünkü gündeliğimden on kuruş kesilecek. Nafakam azalacak" desen, ne kadar akılsız bir bahane olduğunu elbette bilirsin.

Aynen onun gibi sen, şu bağında nafakan için işliyorsun.

Eğer farz namazı terk etsen, bütün çalışmalarının meyvesi, yalnız önemsiz ve bereketsiz bir nafakayla sınırlı kalır. Eğer sen, dinlenme ve soluklanma vaktini ruhun rahatına, kalbin teneffüsüne sebep olan namaza sarf etsen, o zaman bereketli dünya nafakasıyla birlikte, âhiret azığın açısından önemli bir maden ve iki manevi kaynak bulursun:

Birinci kaynak: Bağında yetiştirdiğin, çiçekli olsun, meyveli olsun, her ağacın ibadetinden güzel bir niyetle, bir pay alıyorsun.

İkinci kaynak: Hem bu bağdan çıkan üründen kim yese -hayvan olsun, insan olsun, inek olsun, sinek olsun, müşteri olsun, hırsız olsun- sana bir sadaka hükmüne geçer; fakat o şart ile ki, sen, rızkı veren Allah adına ve izni dairesinde harcasan ve kendini, O'nun malını O'nun yarattıklarına veren bir dağıtıcı olarak görsen...

İşte bak, namazı terk eden ne kadar büyük bir zarar görür, ne kadar önemli bir serveti kaybeder! Ve çalışmaya pek büyük bir şevk veren ve amelde büyük bir manevi gücü sağlayan o iki sonuçtan ve kaynaktan yoksun kalır, iflas eder.

Hatta, yaşlandıkça bahçecilikten usanır, tembellik gelir, "Neme lazım" der, "Ben zaten dünyadan gidiyorum. Bu kadar zahmeti niçin çekeceğim?" diyecek, kendini tembelliğe atacak. Fakat önceki adam der ki: "Daha çok kullukla birlikte helal kazanç için de çalışacağım. Ta, kabrime daha çok ışık göndereceğim. Âhiretime daha çok azık sağlayacağım."

Ey nefis!

Bil ki, dünkü gün elinden çıktı; yarın ise henüz gelmemiş, ona henüz sahip değilsin, elinde bir senet yok.

Öyleyse gerçek ömrünü bulunduğun gün bil.

En azından günün bir saatini, ihtiyaç duyacağın bir gün harcamak üzere geleceğin için hazırlanmış, uhrevi bir sanduka olan bir mescit veya seccadeye at.

Hem bil ki, her yeni gün, hem sana, hem herkese bir yeni âlemin kapısıdır.

Eğer namaz kılmazsan, senin o günkü âlemin karanlıklı ve perişan bir halde gider.

Senin aleyhinde şahitlik eder. Çünkü herkesin, her günde, şu âlemde, kendine özgü özel bir dünyası var. Hem o âlemin durumu o adamın kalbine ve ameline bağlıdır.

Nasıl ki aynanda görünen muhteşem bir saray, aynanın rengine bakar. Siyah ise, siyah görünür; kırmızı ise, kırmızı görünür.

Hem, onun durumuna bakar; o ayna şişesi düzgün ise sarayı güzel gösterir, düzgün değil ise çirkin gösterir. En nazik şeyleri kaba gösterdiği gibi, sen kalbinle, aklınla, amelinle, gönlünle kendi âleminin şeklini değiştirirsin; ya aleyhinde, ya lehinde şahitlik ettirebilirsin.

Eğer namazı kılsan, o namazın ile, o âlemin yaratıcısına yönelsen, birden sana bakan âlemin nurlanır. Âdeta namazın, bir elektrik lambası ve namaza niyetin, onun düğmesine dokunması gibi o âlemin karanlığını dağıtır.

Ve dünyanın o karma karışıklığı içindeki değişim ve dönüşümlerinin, hikmetli bir intizam ve manalı bir kudret yazısı olduğunu gösterir, "Allah göklerin ve yerin nurudur" ayetinden bir nuru kalbine serper. Senin o günkü âlemini, o nurun yansımasıyla ışıklandırır.

Sakın deme; "Benim namazım nerede, şu anlattığın namazın gerçeği nerede!"

Çünkü bir hurma çekirdeği, bir hurma ağacı gibi, kendi ağacını niteler.

Fark yalnız ayrıntı ve genelde olduğu gibi, senin ve benim gibi bir ümminin -yeterince hissetmezse bile- namazı, büyük bir velinin namazı gibi, şu nurdan bir hissesi var, şu hakikatten bir sırrı vardır. -Yeterince şuurlu olmasa bile-.

Fakat derecesine göre açılması ve nurlanması ayrı ayrıdır.

Nasıl bir hurma çekirdeğinden tâ olgunlaşmış bir hurma ağacına kadar mertebeler bulunur; aynı şekilde, namazın derecelerinde de, daha fazla mertebe bulunabilir.

Bütün o mertebelerde, o nurlu gerçeğin sırrı bulunur.

Allah'ım! "Namaz dinin direğidir" buyuran Resul-i Ekrem Aleyhissalatü Vesselâm'a ve onun bütün âl ve ashabına salât ü selâm eyle.

"Yatsı namazını cemaatle kılan kimse, gece yarısına kadar namaz kılmış gibidir. Sabah namazını cemaatle kılan kimse ise bütün gece namaz kılmış gibidir."

Hz. Muhammed (sav)

Namaz Vakitlerinin Sırrı

"Rahman ve Rahim olan Allah'ın adıyla.

Akşama erdiğinizde ve sabaha kavuştuğunuzda Allah'ı tesbih edin. Göklerde ve yerde olanların hamd ve senası O'na mahsustur. Gündüzün sonuna doğru ve öğle vaktine girince de Allah'ı tesbih edip namaz kılın."

(Rum Suresi, 17-18)

Ey kardeş!

Benden namazın beş vakte tahsisinin hikmetini soruyorsun. Pek çok hikmetlerinden yalnız birisine işaret ederiz:

Evet, her bir namazın vakti, önemli bir dönüşümün başlangıcı olduğu gibi, ilahî bir tasarrufun aynası ve o tasarruf içinde Allah'ın lütuflarının birer yansıması olduğundan, Allah'a o vakitlerde daha çok tesbih ve sonsuz nimetlerinin iki vakit ortasında toplanmış hepsine karşı şükür ve hamd demek olan namaz emredilmiştir. Şu ince ve derin anlamı bir parça anlamak için "Beş Nükte"yi nefsimle beraber dinlemek gerekir.

Birinci Nükte:

Namazın anlamı, Cenab-ı Hak'kı tesbih ve büyük sayma ve şükürdür.

Yani, celaline karşı, sözle ve fiilen "Sübhanallah" deyip takdis etmek; hem, kemaline karşı sözle ve amelce "Allahuekber" deyip büyük saymak; hem, cemaline karşı kalple, dille ve bedenle "Elhamdulillah" deyip, şükretmektir.

Demek tesbih, tekbir ve hamd, namazın çekirdekleri hükmündedirler.

Ondandır ki, namazın hareketlerinde ve zikrinde, bu üç şey, her cihetiyle bulunuyorlar.

Hem ondandır ki, namazdan sonra, namazın anlamını pekiştirme ve takviye için şu mübarek kelimeler, otuz üç defa tekrar edilir. Namazın anlamı, şu kelimelerle pekiştirilir.

İkinci Nükte:

İbadetin anlamı şudur ki: Allah'ın kapısında kul, kendi kusurunu, güçsüzlüğünü ve yoksulluğunu görüp, Allah'ın önünde hayret ve muhabbetle secde etmektir.

Yani, Rablığın saltanatı, nasıl ki kulluğu ve itaati ister; Rablığın kutsiyeti, temizliği de ister ki, kul, kendi kusurunu görüp istiğfar ile ve Rabbini bütün noksanlıklardan temiz ve arınmış ve yoldan çıkanların batıl fikirlerinden kurtulmuş olduğunu tesbih ile, "Sübhanallah" ile ilan etsin.

Rububiyetin kudreti de ister ki, kul, kendi zaafını ve yaratılanların güçsüzlüğünü görmekle, Allah'ın eserlerinin büyüklüğüne karşı hayret içinde "Allahuekber" deyip, alçakgönüllülükle rükûa gidip, O'na sığınsın ve tevekkül etsin.

Hem, Rablığın sonsuz rahmet hazinesi de ister ki, kul, kendi ihtiyacını ve bütün yaratılanların yoksulluğunu ve ihtiyaçlarını dua diliyle görsün ve Rabbinin ihsan ve nimetlendirmesini şükür ve sena ile ve "Elhamdulillah" ile ilan etsin.

Demek, namazın fiilleri, bu anlamları içine alıyor ve bunlar için Allah tarafından vaz' edilmişler.

Üçüncü Nükte:

Nasıl ki insan, şu büyük âlemin küçülmüş bir örneğidir.

Ve Fatiha suresi şu Kuran'ın ışıklı bir örneğidir.

Namaz da, bütün ibadetlerin çeşitlerini kaplayan ışıklı bir fihristidir.

Ve bütün yaratılanların çeşit çeşit ibadetlerine işaret eden kutsi bir haritadır.

Dördüncü Nükte:

Nasıl ki, haftalık bir saatin saniye, dakika ve saat ve günlerini sayan milleri birbirine bakarlar, birbirinin örneğidir ve birbirinin hükmünü alırlar.

Öyle de, Cenab-ı Hakk'ın büyük bir saati olan şu dünya âleminin, saniyesi hükmünde olan gece ve gündüzün dönmesi, dakikaları sayan seneler ve saatleri sayan insan ömrünün katları, günleri sayan kâinatın ömrünün devirleri birbirine bakarlar, birbirinin örneğidirler ve birbirinin hükmündedirler ve birbirini hatırlatırlar, öyle de:

Şafak vakti, -doğuşa kadar-, ilkbahar zamanına, hem insanın ana rahmine düştüğü anına, hem göğün ve arzın altı gün yaratılmasından birinci gününe benzer ve onlardaki Allah'a ait şe'nleri hatırlatır.

Öğle vakti, yaz mevsiminin ortasına, hem gençlik kemaline, hem dünyanın ömründeki insanın yaratılmasının devrine benzer ve işaret eder.

Ve onlardaki rahmetin tecellilerini ve nimetin feyizlerini hatırlatır.

İkindi vakti ise güz mevsimine, hem ihtiyarlık zamanına, hem dünyanın son zamanlarına, Peygamberimizin yaşadığı döneme benzer.

Ve onlardaki Allah'a ait işleri ve Allah'ın nimetlendirmesini hatırlatır.

Akşam vakti, güz mevsiminin sonunda yaratılanların kayboluşunu, hem insanın ölümünü, hem dünyanın kıyamet başlangıcındaki harab oluşunu hatırlatarak, insanı gaflet uykusundan uyandırır, ikaz eder.

Yatsı vakti, karanlıklar âlemini, gündüz âleminin bütün eserlerini siyah kefeni ile örtmesini, hem kışın beyaz kefeni ile ölmüş yeryüzünü örtmesini, hem vefat etmiş insanın eser ve izlerin geri kalanını da vefat edip unutma perdesi altına girmesini, hem bu imtihan yeri olan dünyanın bütün bütün kapanmasını hatırlatır, büyüklük sahibi ve her şeye galip gelen Allah'ın celalli tasarrufunu ilan eder.

Gece vakti, hem kışı, hem kabri, hem berzah âlemini anlatır, insanın ruhunun Allah'ın rahmetine ne derece muhtaç olduğunu insana hatırlatır.

Gece namazının, kabir gecesinde ve berzah karanlığında ne kadar gerekli bir ışık olduğunu bildirir, ikaz eder.

Ve bütün bu dönüşmeler içinde, Allah'ın sonsuz nimetlerini hatırlatmakla, ne derece hamd ve senaya müstahak olduğunu ilân eder.

İkinci şafak ise, diriliş sabahını hatırlatır. Evet, şu gecenin sabahı ve şu kışın baharı ne kadar gerekli ve kesin ise, dirilişin sabahı ve berzahın baharı da o kesinliktedir.

Demek bu beş vaktin her biri, bir önemli dönüşümün başında olduğu ve büyük dönüşmeleri hatırlattığı gibi, Allah'ın kudretinin büyük tasarrufunun işaretiyle hem yıllık, hem asrî, hem dehrî Kudretin mucizelerini ve Rahmetin hediyelerini hatırlatır.

Demek asıl yaratılışa ait görev, kulluğun esası ve kesin borç olan farz namaz, şu vakitlere layıktır ve uygundur.

Beşinci Nükte:

İnsan yaratılıştan gayet zayıftır; halbuki her şey ona ilişir, onu üzer ve acı verir.

Hem gayet güçsüzdür; halbuki belaları ve düşmanları pek çoktur.

Hem gayet fakirdir; halbuki çok ihtiyaçları vardır.

Hem tembel ve iktidarsızdır; halbuki hayatın yükleri gayet ağırdır.

Hem, insaniyet onu kâinatla alakadar etmiştir; halbuki sevdiği, ünsiyet ettiği şeylerin sona ermesi ve ayrılık devamlı onu incitiyor. Hem, akıl ona yüksek amaçlar ve kalıcı meyveler gösteriyor; halbuki eli kısa, ömrü kısa, iktidarı kısa, sabrı kısadır.

İşte bu vaziyetteki bir ruhun, fecir zamanında Allah'ın kapısına yalvararak, namaz ile müracaat edip halini bildirmesinin, yardım istemesinin ne kadar gerekli olduğu açıkça anlaşılır. Ve peşindeki gündüz âleminde başına gelecek, beline yüklenecek işlere, görevlere dayanmak için ne kadar gerekli bir dayanma noktası olduğu apaçık bir biçimde görülebilir.

Ve öğle zamanında -ki o zaman- gündüzün kemali ve sona ermeye meyli, günlük işlerin gelişip olgunlaşma anları, meşguliyetlerin baskısından bir istirahat zamanı, geçici dünyanın bekasız ve ağır işlerin verdiği gaflet ve sersemlikten ruhun nefes alma vakti ve Allah'ın ihsan ettiği nimetlerinin görüldüğü bir andır. İnsan ruhu o baskıdan kurtulup, o gafletten sıyrılıp, o anlamsız ve bekasız şeylerden çıkıp, Allah'ın kapısına gidip el bağlayarak, bütün nimetlerine şükür ve hamd edip, yardım istemek ve büyüklüğüne karşı rükû ile güçsüzlüğünü göstermek, secde edip hayret ve sevgi ve yok olma anını ilân etmek demek olan öğle namazını kılmanın ne kadar güzel, ne kadar hoş, ne kadar gerekli ve uygun olduğunu anlamayan insan, insan değildir.

İkindi vaktinde -ki, o vakit- hem hüzünlü güz mevsimi ve ihtiyarlık hali, elemli ahir zaman mevsimini andırır ve hatırlattırır; hem günlük işlerin neticelenmesi zamanı, hem o günde mazhar olduğu sağlık, selâmet ve hayırlı hizmet gibi Allah'ın nimetlerinin teşkil ettiği zamanı, hem o koca güneşin batmaya meyletmesi işaretiyle insanın bir misafir memur ve her şeyin geçici, çaresiz olduğunu ilan etmek zamanıdır.

Şimdi, ebediyeti isteyen, sonsuzluk için yoktan var edilen ve ihsana karşı aşırı düşkünlük gösteren, ayrılıktan acı duyan insan ruhunun, kalkıp, abdest alıp, şu ikindi vaktinde ikindi namazını kılmak için Allah'ın dergâhına duayı arz ederek; sonsuz rahmetinin iltifatına sığınarak, hesapsız nimetlerine karşı şükür ve hamd ederek; Rablığının izzetine karşı alçalarak rükûa gidip, uluhiyetin sonsuzluğuna karşı benliğini silercesine secde ederek; hakiki bir teselli, bir ruh rahatlığı bulup, Allah'ın huzurunda kulluğunu ifade ve ilan etmek demek olan ikindi namazını kılması ne kadar yüce bir görev, ne kadar uygun bir hizmet, ne kadar yerinde bir yaratılış borcunu eda etmek; belki gayet hoş bir saadet elde etmek demek olduğunu, insan olan anlar.

Akşam vaktinde -ki, o zaman- hem kışın başlamasından, yaz ve güz âleminin, nazenin yaratılanların hüzünlü vedası içinde batma zamanını andırır.

Hem, insanın, ölümüyle, sevdiklerinden acı içinde ayrılıp kabre girmek zamanını hatırlatır. Hem, dünyanın, sekerat sarsıntısı içinde vefatıyla, bütün oturanlarının başka âlemlere göçmesi ve bu imtihan yerinin lambasının söndürülmesi zamanını hatırlatır. Ve sevilenlere aşırı düşkünlük gösterenleri şiddetle ikaz eden bir zamandır.

İşte, akşam namazı için böyle bir vakitte, fıtraten sonsuz bir güzelliğe istek ve arzu duyan insan ruhunun, şu büyük işleri yapan ve bu cismi kocaman âlemleri çeviren, değiştiren hiçbir zaman yok olmayan ve varlığının başlangıcı ve sonu bulunmayan Allah'ın arşına yüzünü çevirip, "Allahuekber" diyerek fânilerden yüz çevirip, onlardan ellerini çekip, Allah için el bağlayıp, Huzur'unda kıyam edip; "Elhamdulillah" demekle kusursuz kemaline, örneksiz cemaline, sonsuz rahmetine karşı hamd ü senâ edip ; "Ancak sana kulluk eder, ancak senden yardım isteriz" demekle yardımsız Rablığına, ortaksız uluhiyetine, vezirsiz saltanatına karşı kulluğun arz edilmesi ve yardım istemek; hem sonsuz büyüklüğüne, sınırsız kudretine ve güçlü izzetine karşı rükûa gidip, bütün kâinatla beraber zaaf ve güçsüzlüğünü, yoksulluğunu ve zilletini görmekle "Yüce olan Rabbimi her türlü noksandan tenzih ederim" deyip, Allah'ı tesbih edip; O'na secde edip, hayret ve yok olma hali içinde varlığı terk ederek sevgi ve kulluğunu ilan edip, hem bütün ölümlülere bedel Allah'ı bulup, "En yüce olan Rabbimi her türlü noksandan tenzih ederim" demekle zevalden arınmış, kusurdan arınmış Allah'ı takdis etmek; sonra namazda oturarak, bütün yaratılanların mübarek selâm ve salâvatlarını Allah'a hediye edip ve Resûl-i Ekrem'ine selâm etmekle biatını yenileyerek ve emirlerine itaatini gösterip ve imanını tazeleyerek aydınlatmak için şu kâinat köşkünün hikmetli ve faydalı olan düzeni görüp Allah'ın vahdaniyetine şahitlik etmek; hem, Rububiyetinin tellalı ve Allah'ın istek ve emirlerini insanlara ulaştıran ve ayetlerin anlamını açıklayan Peygamberimizin peygamberliğine şahitlik etmek demek olan akşam namazını kılmak ne kadar ince bir görev, ne kadar aziz, leziz bir hizmet, ne kadar hoş ve güzel bir kulluk, ne kadar ciddî bir hakikat ve bu geçici misafirhanede kalıcı bir sohbet ve sürekli bir saadet olduğunu anlamayan adam, nasıl adam olabilir?

Yatsı vaktinde ki, o vakit gündüzün ufukta kalan izleri de kaybolup, gece âlemi kâinatı kaplar. "Gece ve gündüzü çeviren" sonsuz büyüklük sahibi ve her şeye gücü yeten Allah'ın, o beyaz sayfayı bu siyah sayfaya çevirmesindeki ilahî tasarrufu, yazın süslü yeşil sayfasını kışın soğuk beyaz sayfasına çevirmesindeki "Güneşe ve aya boyun eğdiren", sonsuz büyüklük sahibi ve her şeye hükmeden Allah'ın ilahi icraatlarını hatırlatır. Hem, zamanın geçmesiyle ölülerin eser ve izlerin geri kalanının da şu dünyadan kesilmesiyle bütün bütün başka âleme geçmesindeki ölümü yaratan Allah'ı ve hayatın O'na ait şe'nleri hatırlatır. Hem, dar ve geçici ve hakir dünyanın tamamen harab olup, geniş ve kalıcı ve azametli âhiret âleminin açılmasında, yeri ve göğü yoktan var eden Allah'ın celalî tasarruflarını ve cemalî tecellilerini hatırlatan bir zamandır. Hem, şu kâinatın sahibi ve gerçek sevileni ve ibadete layık olan tek varlık olan Allah olabilir ki; gece gündüzü, kış ve yazı, dünya ve âhireti bir kitabın sayfaları gibi kolaylıkla çevirir, yazar, bozar, değiştirir; bütün bunlara hükmeden ve kudreti mutlak olan ve her şeye gücü yeten sonsuz kudret sahibi Allah olduğunu ispat eden bir durumdur.

İşte, sonsuz güçsüz, zayıf, yoksul, muhtaç, sonsuz bir istikba karanlığına dalmış olan, sonsuz olaylar içinde çalkanan insan ruhu, yatsı namazını kılmak için İbrahimvarî "Batıp gidenleri sevmem" deyip, Allah'ın dergâhına namaz ile sığınıp şu geçici âlemde, geçici ömürde ve karanlık dünyada ve istikbalde, ebediyen var olan ve hiçbir şeye muhtaç olmayan Allah'a dua edip, bir parçacık kalıcı bir sohbet, birkaç dakikacık bir ebedî ömürde dünyasına ışık serpecek, istikbalini nurlandıracak, varlığının sona ermesinden ve dostlarının ayrılığından doğan yaralarına merhem sürecek olan Rahman ve Rahim olan Allah'ın lütuf ve iyiliklerini ve doğru yolunun aydınlığını görüp istemek;

Hem, geçici olarak onu unutan ve gizlenen dünyayı unutup, dertlerini kalbin ağlamasıyla rahmet dergâhına döküp; hem ölüme benzeyen uykuya girmeden önce son kulluk görevini yapıp, günlük amel defterini hayırlı son ile bağlamak için namaza kıyam etmek, yani bütün geçici sevdiklerine bedel, sevgi ve ibadete layık tek varlık olan Allah'ın ve dilencilik ettiği güçsüzlere bedel, gücü her şeye yeten kerem sahibi Allah'ın ve bütün titrediği zararlıların kötülüklerinden kurtulmak için bir sonsuz merhamet sahibi ve her şeyi koruyan Allah'ın huzuruna çıkmak;

Hem Fatiha ile başlamak, yani, bir şeye yaramayan ve yerinde olmayan noksan, yoksul yaratılanları övme ve minnettarlığa bedel, sonsuz ve sınırsız kemal ve zenginlik sahibi Allah'ı methedip övmek, hem "Sadece senden yardım dileriz" hitabına yükselmek, yani küçüklüğü, hiçliği, kimsesizliği ile beraber, Ezel ve Ebed Sultanı olan "O, hesap gününün sahibidir" bağıyla kâinatta nazlı bir misafir ve vazifeli bir makama girip, "Sadece senden yardım dileriz ve sadece sana kulluk ederiz" demekle bütün mahlukat namına, kâinatın büyük cemaati ve büyük cemiyetindeki ibadetleri O'na sunmak; hem, "Bizi doğru yola ilet" demekle, istikbal karanlığı içinde sonsuz saadete açılan Kuran'ın gösterdiği doğru yolun hidâyetini istemek;

Hem, şimdi uyumuş bitkiler, hayvanlar gibi gizlenmiş güneşler, uyanık yıldızlar, birer er gibi emir altında olan izzet ve heybet sahibi olan Allah'ın büyüklüğünü düşünüp, "Allahuekber" deyip rükûa varmak;

Hem bütün yaratılanların büyük secdesini düşünüp, yani şu gecede uyumuş olan yaratılanlar gibi her senede, birer muntazam ordu, belki birer söz dinleyen er gibi, dünyevî kulluk vazifesinden "Ol, der ve olur" emriyle terhis edildiği, yani gayb âlemine gönderildiği zaman, sonsuz intizam ile gün batımında, gurûb seccadesinde, "Allahuekber" deyip secde ettikleri; hem "Ol, der ve olur" emrinden gelen bir diriliş sesiyle yine baharda dirilip, kıyam edip Mevla'ya el bağlayıp hizmet ettikleri gibi; insan, onlara uyarak, Allah'ın huzurunda hayretle karışık bir muhabbet, kalıcılıkla karışık bir silinme hali, izzetle karışık bir alçalma içinde, "Allahuekber" deyip secdeye gitmek, yani, bir tür Mirac'a çıkmak demek olan yatsı namazını kılmak ne kadar hoş, ne kadar güzel, ne kadar şirin, ne kadar yüksek, ne kadar aziz ve leziz, ne kadar akıllı bir görev, bir hizmet, bir kulluk, bir ciddi hakikat olduğunu elbette anladın.

Demek, şu beş vakit, her biri birer müthiş değişmenin işaretleri ve Rabbimizin büyük icraatların belirtileri ve Allah'ın ihsan ettiği nimetler olduğundan, borç ve zimmet olan farz namazın o zamanlara tahsisi nihayet hikmettir.

Seni her türlü noksandan tenzih ederiz. Senin bize öğrettiğinden başka bilgimiz yoktur. Sen her şeyi hakkıyla bilir, her işi hikmetle yaparsın.

Allah'ım, seni nasıl tanımaları, sana nasıl kullukta bulunmaları gerektiğini öğretmek için kullarına muallim, isimlerinin hazinelerini tanıtıcı, kâinat kitabının ayetlerinin tercümanı, kulluğuyla rububiyet güzelliğinin aynası olarak gönderdiğin zata, onun bütün âl ve ashabına salât ve selâm eyle. Bize ve erkek, kadın bütün müminlere merhamet eyle.

Âmin.

Bunu rahmetinle yap ey, merhamet edenlerin en merhametlisi!

"Herhangi bir Müslüman Allah'a secde ederse Allah onun bir günahını yok eder ve kendisini bir derece yükseltir."

Hz. Muhammed (sav)

Namazdaki Fatiha Denizinden Bir Damla

Fatiha, Kuran'ın özü ve özetidir.

Bir hadis rivayetinde (bu hazine değerindeki söz, Hz. Ali'den de nakledilir) şöyle denir: "Kuran Fatiha'da, Fatiha Besmelede, besmele Be harfinde, Be harfi ise ayırt edici bir noktada (Be'nin altındaki nokta) bulunur. İşte ben, o, ayırt edici noktayım."

Nokta, sonsuzluğun imgesidir.

Sonsuzluğu nokta simgeler.

Hz. Ali Efendimizin, "İlim bir nokta idi, onu cahiller çoğalttı." sözü de bunu ima eder.

Hat sanatında nokta, temel birimdir. Harfler nokta'dan çoğalır.

Üst üste konan noktalar elif'i oluşturur.

Varlıklar harftir ve harfler noktadan var edilir.

Nokta, Allah'ın "Kudret" kaleminden çıkan ilk emirdir.

Fatiha, nokta'nın açılımı, Kuran ise Fatiha'nın çiçeklenişidir.

Namazda Fatiha'nın okunmasının vacib oluşu bu sırdan gelir.

Fatiha, fetheden, fethedilendir.

Fetih ise, nefsin kapılarının açılmasıdır.

Fatih, nefsinin kapılarını açmış kişidir. Fatiha'nın namazın her anında sürekli okunması, namazda, kulun nefsinin kapılarının Allah'a, ilahî hakikate açılmasıyla ilgilidir.

Namazda Fatiha okuyan kişi, namazın bir mirac, Allah'a yükseliş, hakikatin göğüne doğru bir çıkış olduğu bilincinde olmalı, bu hali yaşamalı, bu sırra ermelidir.

Fatiha'ya ilişkin bu risale, "namazdaki Fatiha'nın emriyle" yazılmıştır:

Fatiha denizinden bir damla ve güneşindeki çeşitli renklerinden, yani ışığındaki yedi renginden bir tek parıltıyı açıklamayı, namazdaki Fatiha kalbe emretti.

"Rahman ve Rahim olan Allah'ın adıyla."

"Ezelden ebede her türlü hamd ve övgü, şükür ve minnet, âlemlerin rabbi olan Allah'a mahsustur."

Birinci Kelime:

"Ezelden ebede her türlü hamd ve övgü, şükür ve minnet, âlemlerin rabbi olan Allah'a mahsustur."

Bundaki iman deliline gayet kısa bir işaret: Evet, kâinatta hamd ve şükrün ekseni olan nimetler, özellikle temiz, gıdalı sütü, aciz yavrulara göndermek ve ihtiyarî ihsanlar ve hediyeler ve merhametli ikramlar ve ziyafetler zemin yüzünü, belki kâinatı doldurmuş. Onların fiyatı da, başta "Bismillah", sonda "Elhamdülillah", ortada nimette onu vereni hissetmek ve Rabbini onunla tanımaktır.

Sen nefşine, midene, duygularına bak; ne kadar şeylere, nimetlere muhtaçtır ve ne derece hamd ve şükür fiyatıyla rızıkları, lezzetleri ister, gör; her canlıyı kendine kıyas et! İşte bütün bu nimetler karşılığında insanın davranışlarıyla ve sözleriyle ettiği hadsiz şükürler, kesin bir biçimde Allah'ın varlığını güneş gibi gösterir.

İkinci Kelime:

"Alemlerin Rabbi"

Evet, gözümüzle görüyoruz ki, bu kâinatta binler değil, belki milyon âlemler, küçük kâinatlar, ekseri birbiri içinde; her birinin idaresi ve tedbirinin şartları ayrı ayrı olduğu halde, öyle bir mükemmel terbiye ve idare ediliyor ki, bütün kâinat bir sahife gibi her an nazarında ve bütün âlemler birer satır gibi kudret kalemiyle ve kaderiyle yazılır, tazelenir, değişir. Sonsuz Rab'lık içinde sınırsız bir ilim ve hikmet ve etrafını sınırsız bir rahmet ve dikkat ile çevirmiş bu âlemleri idare eden âlemlerin Rabbi'nin varlığına ve birliğine zerreler ve zerrelerden birleşen varlıklar sayısınca sonsuz şahitlik ediyorlar. Atomlar tarlasından tâ güneş sistemine, tâ Samanyolu denilen kehkeşan dairesine ve bir beden hücresinden yeryüzünün mahzenlerine, tâ kâinatın bütününe kadar aynı kanun, aynı rububiyet, aynı hikmet ile beraber idare ve terbiye eden Allah'ın Rab'lığını onaylamayan, hissetmeyen, bilmeyen ve görmeyen bir insan, elbette sınırsız bir azaba kendini müstehak eder ve merhamete layık olmaz.

Üçüncü Kelime:

"O Rahmandır; rahmeti bütün varlıkları kuşatır ve bütün yaratıklarının her türlü rızkını merhametle yetiştirir. O Rahimdir; yaratıklarına karşı pek şefkalti ve merhametlidir."

Evet, kâinatta sınırsız rahmetin varlığı ve hakikati aynen güneşin ışığı gibi görünür.

Ve ışığın güneşe kesin şahitliği gibi, bu geniş rahmet dahi, perde arkasında Rahim ve Rahman olan Allah'a şahitlik eder. Evet rahmetin önemli bir kısmı rızıktır ki, Rahman'a Rezzak manası verilir. Rızık ise, o derece açık bir şekilde merhameti sonsuz bir Rızık Verici'yi gösterir ki, zerre kadar şuuru bulunan kabul eder. Meselâ, bütün canlıların, özellikle güçsüzlerin ve bilhassa yavruların, yerde ve göklerde, güçlerinin üzerinde, gayet harika bir tarzda hiçten ve benzer çekirdeklerden ve su katrelerinden ve toprak tohumcuklarından yetiştiriyor. Hatta ağacın başındaki yuvada kanatsız, zayıf kuşçuklara annelerini bir emir eri gibi gezdirir, rızıklarını getirtir. Ve aç bir arslanı yavrusunun emrine verir, elde ettiği bir eti yemeyip yavrusuna yedirir. Ve diğer hayvanların ve insanın yavrularına memeler musluğundan Kevser suyu gibi hoş, besleyici, sâfi, hâlis, beyaz sütleri kırmızı kan ve bulanık fışkı içinden bulaşmadan, bulandırmadan imdatlarına gönderir, validelerinin şefkatlerini yardımcı verir. Ve bir tür rızık isteyen bütün ağaçlara, rızıklarını onlara pek harika bir tarzda koşturduğu gibi, bir nevi maddi ve manevi rızık isteyen insanın duygularına, akıl, kalp, ruhlarına dahi herkesin istifade ettiği geniş bir rızık sofrası onlara ihsan ediliyor.

Sanki kâinat, gül çiçeğinin yaprakları ve mısır sümbülünün gömlekleri gibi birbiri içinde sarılı, yüz binler ayrı ayrı, çeşit çeşit sofralardır ki, o sofralar adedince ve onlardaki yemek ve nimetler miktarınca diller ile merhameti sonsuz bir Rızık Verici'yi bütün bütün kör olmayana gösterir.

Eğer denilse, "Bu dünyadaki musibetler, çirkinlikler, şerler; Allah'ın her şeyi kuşatan olan rahmetine aykırıdır, bulandırıyor."

Deriz ki:

Her bir unsurun, her bir canlı türünün, her bir yaratılmışın, genel ve özel ayrı ayrı görevleri ve o her görevin çok netice ve meyveleri var. Ve faydalı, güzel, hayırlı ve rahmettirler. Ve az bir kısmı, kabiliyetsizlere ve yanlış temas edenlere veya ceza ve terbiyeye layık olanlara veya çok hayırları sümbül vermeye vesile olanlara rast gelir; küçük bir şer, bir çirkinlik olur, bir merhametsizlik görünür. Eğer o küçük şerrin gelmemesi için rahmet tarafından o küllî varlık o görevinden menedilse, o zaman bütün hayırlı ve güzel diğer sonuçları görünmez. Bir hayrın yokluğu şer ve bir güzelliğin bozulması çirkinlik olması itibariyle, o sonuçlar kadar şerler, çirkinlikler meydana gelir. Demek, bir tek şer gelmemek için yüzlerce şer ve merhametsizlik olur, suç işlenir ki, bütün bütün hikmet ve rahmete aykırı düşer. Meselâ, kar, soğuk, ateş, yağmur gibi şeylerin yüzlerce hikmet ve faydaları içinde bazı dikkatsizler, iradelerini kötüye kullanarak kendileri hakkında şer yapsa, meselâ elini ateşe soksa, "Ateşin hilkatinde rahmet yoktur" dese, ateşin had ve hesaba gelmeyen hayırlı, maslahatlı, merhametli faydaları onu yalanlayıp ağzına vurur.

Hem, insanın kendini düşünen nefsin arzularını ve aşağılık ve akıbeti görmeyen duyguları, kâinatta cereyan eden rahmaniyet, hakimiyet ve rububiyet kanunlarına ölçü ve terazi olamaz. Kendi aynasının rengine göre görür. Merhametsiz siyah bir kalp, kâinatı ağlar, çirkin ve karanlık suretinde görür. Fakat, iman gözüyle baksa, yetmiş güzel elbiseler giymiş bir cennet hurisi gibi, rahmetler, hayırlar ve hikmetlerden dikilmiş yetmiş bin güzel elbiseleri birbiri üstüne giymiş, daima güler, rahmetle tebessüm eden büyük ve makbul olan bir insanı ve ondaki insanı küçük bir kainat ve her bir insanı küçük bir âlem gibi görür. Bütün ruh u canıyla, "Ezelden ebede her türlü hamd ve övgü, şükür ve minnet, âlemlerin Rabbi olan Allah'a mahsustur. O Rahmandır; rahmeti bütün varlıkları kuşatır ve bütün yaratıklarının her türlü rızkını merhametle yetiştirir. O Rahimdir; yaratıklarına karşı pek şefkatli ve merhametlidir" der.

Dördüncü Kelime:

"O, hesap gününün sahibidir."

Kâinatın yaratıcısının daimi rububiyeti, rahmet ve hikmeti; ve ezelî, ebedî cemali, celali, kemali ve sonsuz sıfat ve isimleri, âhireti kati bir surette istediği gibi; Kuran, binlerce ayet ve delilleri ile ve Muhammed Aleyhissalâtü Vesselâm yüzlerce mucizeleri ve delilleriyle ve bütün peygamberler, semavi kitaplar ve suhufların, delilleriyle şahitlik ettiği âhiret diyarında ebedî hayata inanmayan bir insan, kendini dünyada dahi küfürden doğan manevi bir cehenneme atar, sürekli azap çeker. Bütün geçmiş ve gelecek zamanlar ve mahlûklar ve kâinatlar, zeval ve firaklarıyla mütemadiyen onun ruh ve kalbine hadsiz elemleri yağdırıyorlar, cehenneme gitmeden evvel cehennem azabını çektiriyorlar.

Salisen: "Hesap günü" remziyle, öldükten sonraki dirilişin büyük ve kuvvetli bir deliline işaret eder.

Beşinci Kelime:

"Ancak sana kulluk eder, ancak senden yardım dileriz."

Bir zaman, namazda Fatiha'yı okurken, "Ancak sana kulluk eder, ancak senden yardım dileriz"deki Nun'un bir mucizesini bildirmek için bir sual kalbime geldi:

Neden, "Ben ibadet ve istiane ederim" denilmemiş, "Biz sana ibadet ve istiane ederiz" demiş?

Birden o "Nun" kapısıyla manevi bir yol açıldı. Namazdaki cemaatin büyük sırrını ve menfaatini ve bu harfin bir mucize olduğunu bildim ve gördüm.

Şöyle ki:

Ben, o zaman İstanbul'da Bayezid Camii'nde namaz kılarken, "Ancak sana kulluk eder, ancak senden yardım dileriz" dedim. Baktım, camideki cemaat, benim gibi diyerek bu davama ve "Bizi doğru yola ilet"teki duama tamamen katılıp tasdik ettikleri zamanda, bir perde daha açıldı. Gördüm ki, İstanbul'un bütün mescitleri, büyük bir Bayezid hükmüne geçtiler. Aynen benim gibi "Ancak sana kulluk eder, ancak senden yardım dileriz" deyip iddia ve duama imza atıyor, "âmin" diyorlar. Ve bana bir nevi şefaatçi suretini almaları içinde, hayalime bir perde daha açıldı.

Gördüm ki, İslam âlemi büyük bir mescit suretini aldı. Mekke, Kâbe mihrap hükmüne geçti. Namaz kılan bütün Müslümanların safları, dairevi bir tarzda o kutsal mihraba yönelerek, benim gibi "Ancak sana kulluk eder, ancak senden yardım dileriz" deyip, her biri herkes adına hem dua, hem tasdik eder, hem onları kendine şefaatçi yapar. Hem, "Bu kadar büyük bir cemaatin davası yanlış olamaz ve duası reddedilmez; şeytani vesveseleri kovar" diye düşünürken ve namazda cemaatin büyük menfaatlerini gözlerimle tasdik ederken, bir perde daha açıldı.

Gördüm ki, kâinat büyük bir cami, yaratılmışlar en büyük namazda cemaat ile her biri kendine özgü bir ibadetle ve hal dili ile ibadet ediyorlar gibi Allah'ın her şeyi kuşatmış olan Rububiyetine karşı çok geniş bir kullukla karşılık vermek üzere namaza durmalarını seyrederken, birden bir perde daha açıldı.

Gördüm ki, nasıl büyük bir insan olan kâinat, yaratılışın dili ile ve bilinçli olan varlıkları söz ile "Ancak sana kulluk eder, ancak senden yardım dileriz" diyorlar ve Allah'ın Rablığına karşı kulluklarını gösteriyorlar; aynen öyle de, küçük bir kâinat hükmünde o büyük toplulukta her bir arkadaşımın bedeni gibi benim vücudumdaki zerreler ve kuvveler ve duygularım dahi Allah'ın Rububiyetine karşı itaat ve ihtiyaçların diliyle "Ancak sana kulluk eder, ancak senden yardım dileriz" diyerek emir ve ilahî iradeye göre hareket ettiklerini ve her anda Hâlıklarının inayetine, merhametine ve yardımına muhtaç olduklarını gösteriyorlar gördüm.

Hem namazdaki cemaatin manevi sırrını, hem Nun'un güzel mucizesini hayretle görüp Nun kapısıyla girdiğim gibi çıktım, "Elhamdülillah" dedim .

"Ancak sana kulluk eder, ancak senden yardım dileriz" cümlesini, o üç cemaatin ve o büyük ve küçücük arkadaşlarımın adına da söylemeye çalıştım.

Altıncı Kelime:

"Bizi doğru yola ilet."

Evet, nasıl bir yerden bir yere giden yolların ve bir noktadan uzak bir noktaya çekilen hatların en kısası, en doğrusudur ve müstakimidir; aynen bunun gibi, maneviyatta, manevi yollarda ve kalbî mesleklerde en doğrusu, en müstakimi ise, en kısa ve en kolayıdır. Meselâ, Risale-i Nur'da bütün dengeler ve küfür ve iman yollarının mukayeseleri gösteriyor ki, iman ve tevhid yolu gayet kısa ve doğru, müstakim ve kolaydır. Küfür ve inkar yolları ise gayet uzun ve tehlikelidir.

Demek, bu istikametli ve hikmetli ve her şeyde en kısa ve kolay yolda sevk edilen bu kâinatta, elbette şirk ve küfrün hakikatleri olamaz ve imân ve tevhidin hakikatleri bu kâinata güneş gibi lazım ve vaciptir.

Hem en rahat, en faydalı, en kısa, en selâmetli yol ise, istikamettedir. Meselâ, akıl, hikmeti ve faydalı istikameti kaybetse, aşırılık ve olması gerekenden az süslü sözlerle bir aldatmaya ve belalı bir ahmaklığa düşer, uzun yollarda tehlikelerle karşılaşır.

Ve şiddet / öfke duygusu orta yol olan şecaati takip etmezse, aşırılık ile çok zararlı ve zulümlü bir baskıya ve tefritle çok zilletli ve elemli bir korkaklığa düşer, istikameti kaybetmesinin, hatasının cezası olarak daimi, vicdanî bir azabı çeker.

Ve insandaki şehvet duygusu, selâmetli istikameti ve iffeti kaybetse, aşırılıkla musibetli, rezaletli fuhşa ve tefritle cinsel isteksizliğe, yani nimetlerdeki zevk ve lezzetten yoksunluğa düşer ve o manevi hastalığın azabını çeker.

İşte bunlara kıyasen, ferdi ve sosyal hayatın bütün yollarında istikamet, en faydalı ve kolay ve kısadır. Ve sırat-ı müstakim kaybedilse, o yollar pek belalı ve uzun ve zararlı olur.

Demek, "Bizi doğru yola ilet", kapsamlı ve geniş bir dua, bir kulluk olduğu gibi, bir tevhid deliline ve bir hikmet ve ahlak dersine işaret eder.

Yedinci Kelime:

"Kendilerine nimet ve ihsanda bulunduğun kullarının yoluna..."

Öncelikle, "Kendilerine..." kimlerdir?" diye "Peygamberler, sıddıklar, şehitler ve salihlerden..." ayeti, insanda istikamet nimetine mazhar dört taifeyi beyan içinde o taifelerin reislerine, "peygamberler" ile Muhammed Aleyhissalâtü Vesselâm'a, "sıddıklar" ile Ebubekir-i Sıddık Radıyallahü Anh'a, "şehitler" ile Ömer ve Osman ve Ali Radıyallahü Anhüm'e işaret edip, Peygamberden (sav) sonra Sıddık (ra), sonra Ömer (ra), Osman (ra), Ali (ra) üçü hem şehid, hem halife olacaklar diye, insanları hayrete düşüren bir parıltı gösterir.

İkinci olarak, insanın en yüksek, en istikametli, en sadık bu dört taifesi, Âdem (as) zamanından beri sınırsız deliller, mucizeler, kerametler, manevi keşiflerle bütün güçleriyle tasdik ettikleri, tevhid gerçeği, elbette güneş gibi kesin ve apaçıktır. Bu insanların meşhurları, yüz binlerce mucize ve delillere doğruluğunu gösterip tevhitte birleşmesi, hiçbir kuşkuya yer bırakmayan büyük bir delildir. Acaba, kâinatın yaratılışının meyvesi, yeryüzünün halifesi canlıların yaratılış bakımından en yücesi olan insanın en sadık ve doğrulanmış mürşitleri olan haber verdiği ve kâinatı bütün varlıklarıyla delil gösterip inandıkları ve sarsılmaz kanaat getirdikleri bir hakikati tanımayan ve inkâr eden, sonsuz bir cinayet ve nihayetsiz bir azaba layık olmaz mı?

Sekizinci Kelime:

"Gazabına uğrayanların ve sapıtmış olanların yoluna değil."

Evet, insanlık tarihi ve kutsal kitaplar kesin bir surette haber veriyorlar ki, doğru yolda olan peygamberlere binlerce olayda harika bir tarzda gaybî yardım gelmesi ve isteklerinin aynen verilmesi ve düşmanları olan münkirlere yüzlerce olayda aynı zamanda gazap gelmesi ve semavi musibet başlarına inmesi, kesin olarak gösterir ki, bu kâinatın ve içindeki insanın hikmet sahibi, adaletli, ihsan edici, ikramda bulunan, izzetli bir Rabbi var. Ki, Nuh, İbrahim, Musa, Hud ve Salih gibi (aleyhimüsselâm) çok peygamberlere harika bir surette tarihi ve geniş hadiselerle muzafferiyet ve kurtuluş vermiş; Semud, Ad ve Firavun kavimleri gibi çok zalim ve münkirlere de, peygamberlere isyanlarına karşılık, dünyada dahi bir ceza olarak başlarına dehşetli semavi musibetler indirmiş.

Evet, Adem (as) zamanından beri, insanlık âleminde iki kuvvetli akım birbiriyle çarpışarak gelmiş. Biri, istikamet yolunu takip ile nimete, dünya ve âhiret mutluluğuna erişen peygamberler; salahat ve iman; kâinatın hakiki güzelliğine ve intizam ve kemaline uygun olarak istikamette hareket ettiklerinden, hem kâinat sahibinin lütuflarına, hem iki cihanın mutluluğuna ulaşıp, insanı meleklerin derecelerine, belki üstüne yücelterek dünyada iman hakikatleriyle manevi bir cennet, âhirette bir saadet kazanmış ve kazandırmışlar.

İkinci akım, istikameti bırakıp, ifrat ve tefritle aklı bir azap nedeni ve elem toplayıcı bir alete çevirmesinden, insanlığı hayvanlıktan aşağı düşürüp, dünyada zulümlerine karşılık Allah'ın gazabını ve musibet tokatlarını yemekle beraber, sapkınlığı yönünden, akıl alakadarlığıyla kâinatı bir hüzün ve yas yerine ve yoklukta yuvarlanan canlılar için bir mezbaha ve gayet çirkin ve karışık görüp ruhu, vicdanı dünyada manevi bir cehennemde olup, âhirette daimi bir azap çekmeye kendini müstahak eder.

İşte Fatiha-i Şerife'nin sonunda, "Kendilerine nimet ve ihsanda bulunduğu peygamberlerinin ve onlara tabi olan salih kullarının yoluna ilet, gazaba uğrayanların ve sapıtmış olanların yoluna değil" ayeti, bu iki kuvvetli akımı gösteriyor. Ve Risale-i Nur'daki bütün dengelerin kaynağı, esası ve üstadı bu ayettir.

Dokuzuncu Kelime:

"Duamızı kabul buyur."

Madem, "İbadet ederiz... yardım dileriz"deki "Nun" üç büyük cemaati, özellikle İslam âleminin camiindeki muvahhidin cemaatini, özellikle o vakit namazda bulunan milyonlar cemaatini bize gösterip, bizi içlerinde bulunduruyor ve dualarına ve söylediğimizi aynen söylemeleriyle tasdiklerine bir nevi şefaatlerine hissedar olmamıza yol açıyor; biz dahi, bu "Âmin" kelimesiyle, o muvahhid topluluğunun ve namaz kılanların dualarına yardım ve davalarını tasdik ve şefaatlerinin ve istianelerinin makbuliyetine o "Âmin"le bir rica etmemizle, bizim kulluk, dua ve davamızı, geniş bir ubudiyete çevirip, külli Rububiyete mukabele ettirir. Demek imandan gelen kardeşlik ve İslam'ın birliği sırrıyla, hem namaz vaktinde İslam dünyasının büyük mescidinde milyonlarca ferdi bulunan bir cemaatin birlik bağı itibariyle ve manevi radyolar vasıtasıyla Fatiha'daki "Âmin" genişler ve yaygınlaşır, milyonlarca "Âmin" hükmüne geçebilir.

Ezelden ebede her türlü hamd ve övgü, şükür ve minnet, âlemlerin Rabbi olan Allah'a mahsustur.

Seni her türlü noksandan tenzih ederiz. Senin bize öğrettiğinden başka bizim hiçbir bilgimiz yoktur. Sen her şeyi hakkıyla bilir, her işi hikmetle yaparsın.

"Cennetin anahtarı namazdır."

Hz. Muhammed (sav)

Sekine Ve Namaz

Bediüzzaman birçok mektubunda ve risalesinde, yıllardır gazete okumadığını, dünyadaki olayları izlemediğini ve merak etmediğini, yaşadığı ülkede olup biten ve çoğunluğun zihnini meşgul eden, "gündem"lerden uzak durduğunu söyler. Bu kimilerine yadırgatıcı gelebilir. Bir "dava"nın izini süren Üstad'ın ülkesinde ve dünyada olup bitenlere kayıtsız kaldığını sanabilirler. Nitekim bu yönde kimi eleştiriler de yapılagelmiştir.

Ne ki Üstad'ın bu tutumunun metafiziksel okumasının yapılmaması halinde bir zihin karışıklığı kaçınılmaz olacaktır.

Üstad hazretleri "hadisat-ı âlem"le ilgilenmediğini, hatta herkesin her vakit dikkatini radyo hoparlörüne yönelttiği II. Dünya Savaşı günlerinde, harbin seyrini bir an bile merak etmediğini söylerken bir hususu da belirtir:

Kalbimi başka maksatlar doldurmuş. Her insanın başına kâinat kadar büyük bir dava açılmış.

Bu ifadede bir sır saklıdır. O da şudur: Kendi çağının manevi çekim merkezi olan ve imamiyet vazifesiyle tavzif edilmiş bulunan kimselerin nazar ve dikkati tümüyle İlahî Merkez'dedir. Oraya, yani kozmik çarkın merkezine yerleşirler ve görevlerini o konumlanma durumundan hareketle ifa ederler.

Bu hale, "sekinet" denir.

Sekine'nin sözlük anlamı, "karar, rahat, sakinlik, dinlenme, yerleşme, gönül rahatlığı, kendisine güven, düşmanlarına korku verme"dir.

"Büyük Huzur" anlamına gelen ıstılahî yönünü ise doğru yansıtabilmek için Guenon'un bir belirlemesine başvurmak yerinde olacaktır. *İslam Maneviyatı Ve Taoculuğa Giriş* adlı eserinde Guenon şöyle der: "Kozmik çarkın merkezine yerleşmiş olan bilge kişi, bu çarkı, görülüp farkedilemez bir biçimde, onun hareketine katılmaksızın, yalnızca varlığıyla hareket ettirir. Onun mutlak ilgisizliği, kendini her şeye egemen kılar, çünkü artık hiçbir şeyle etkilenemez. 'Mükemmel Sessizlik'e ulaşmıştır. Hayat ve ölüm onun için birdir. Evrenin çökmesi hiçbir şekilde onun telaşlanmasına neden olmaz. İnceden inceye, iç denetim yapa yapa, o değişmez gerçeğe ulaşmış, biricik evrensel ilkeyi tanımayı başarmıştır. Varlıkları alınyazılarına göre serbestçe hareket etmeleri için kendi kendilerine bırakır. Kendisi ise bütün yazgıların merkezinde hareketsiz durur. Bu iç durumun zahiri belirtisi, 'sarsılmazlık'tır. Zafer uğruna savaş halindeki bir ordunun üzerine, tek başına saldırıya geçen bir kahramanın sarsılmazlığı değil elbet, ama gökyüzünden, yeryüzünden ve bütün varlıklardan üstün olan, kendisinin hiç bağlı olmadığı bir bedende duran, duygularının kendisine sağladığı görüntülerden hiçbirisini göz önünde bulundurmayan, hareketsiz ünitesinde, evrensel bilgisiyle her şeyi bilen ruhun sarsılmazlığıdır bu."

Guenon'un anlattığı bu hikmet, insanlara egemen olan ruh'la ilgilidir.

Nitekim, gerçek arif, kendine rağmen hareket etmeme fiili içinde bulunarak gücünü üstlenmemeye özen gösterecek olsa, hiçbir şeye karışmamaktan doğacak zamanlarını, "doğal" eğilimlerini serbestçe akmaya bırakmada kullanırdı. Kuşkusuz kudret, bu bilgenin ellerine düşmüş olmaktır. Organlarını devreye sokmadan, bedeni duyularından yararlanmadan hareketsiz şekilde konumlanmışken, manevi gözle her şeyi görebilecektir. Tefekküre dalmış bir durumda gök gürültüsü gibi her şeyi sarsıp inletecektir. Fiziki gökyüzü, hava, uysalca onun ruhunun hareketlerine uyarlanacaktır. Bütün varlıklar tozun rüzgârı takip ettiği gibi, onun hiçbir şeye karışmama eğilimini izleyecektir.

Bu bize bilgelerin fiziksel olarak da sürekli aynı konumda ve sessiz bir biçimde oturuşlarını da açıklar. Gerçi o maddi bir duruştur ama, o duruşu da manevi konum belirlemektedir.

Bir bilge ile karşılaşan herkes bu gözleme sahip olacaktır.

Martin Lings'in, ünlü Şazelî şeyhi Şeyh el-Alevi'yi anlattığı *Yirminci Yüzyılda Bir Veli* kitabında bu hikmetle ilgili bir bahis yer alır.

Şeyh'in bir süre hekimliğini üstlenen Fransız agnostik Dr. Marcel Carret'in gözlemleri konuya ışık tutar niteliktedir: "O'nu ilk gördüğümde edindiğim izlenim, karşımda alelade bir şahsiyetin olmadığıydı. Davet edildiğim oda diğer bütün Müslüman odaları gibi mobilyasızdı. Yalnızca sonradan kitap ve elyazmalarıyla dolu olduğunu öğrendiğim iki sandık vardı. Yer boydan boya halı ve hasırla kaplıydı. Bir köşede kilimle kaplı bir şilte vardı; Şeyh, burada arkasında birkaç yastık, dimdik, elleri dizlerinin üstünde, aynı anda tamamen doğal olan hareketsiz bir şekilde bağdaş kurmuş oturuyordu. (...) Ertesi gün ve ondan sonrası birkaç gün iyileşinceye kadar O'nu görmeye gittim. Her seferinde onu aynı şekilde hareketsiz, aynı durumda, aynı yerde, gözlerinde uzak bir bakış, dudaklarında hafif bir tebessüm, bir gün öncesine göre sanki bir santim bile hareket etmemiş, zamanın etkileyemediği bir heykel gibi dururken buldum."

Carret'in bu gözlemi tümüyle gerçektir ve sözünü etmeye çalıştığımız hali, "sekine(t)"yi ifade etmektedir.

Çünkü bilge kişi, kozmik çarkın merkezindedir ve İlahî Hakikat'le arasında ya çok az perde kalmıştır veya gözlerinden o perdeler tümüyle giderilmiştir.

Her iki durumda da O'nu, dışsal olaylar ve formlar heyecanlandırmayacak ve etkilemeyecektir.

Kozmik çarkın merkezinde namaz hali vardır.

Bu, bir bakıma insanın namaz dışında da namazda olma halini ifade eder.

Namazın en önemli rüknü secdedir ve secde "kurbet" yeridir.

Secdede insan tümüyle kendisini Allah'ın varlığına bağlar ve O'nun sonsuzluğuna katılır.

İradesini terk eder, mutlak teslimiyet hali yaşar.

Sekine, bu yönüyle kesintisiz namazda olmaktır.

Allah'ın varlığında sükûn bulan mümin, namaz ve münacatıyla, Müslim oluşunu yani teslimiyeti sürekli bir imana yani intisaba dönüştürür.

Kozmik ilkeye bağlanan kişinin bu hali, ubudiyetin yani bir ibadet formu olarak namazın ubudet'e, kesintisiz ubudiyete dönüşmesidir.

Ubudet, insanın kendi kişisel algısını terktir, iradesini bırakmasıdır, varlığını, varlığın merkezine yöneltmesidir.

Son olarak merhum Zahit Kotku hazretlerinin halinden bir örnek aktarayım. Ersin Gürdoğan'dan öğrendiğimize göre, aya inişin gerçekleştiği ve televizyondan yayınlandığı akşam bir grup talebe Şeyh'in huzurundadır. Mutad hadis dersleri yapılıyor. Birazdan yani aya ilk adımın naklen yayınlanacağı an, Kotku hazretlerinin çevresindeki herkes üst kata, televizyonun olduğu daireye gider. Şeyh yalnız kalır. Döndüklerinde ise mübarek hiçbir şey sormaz ve söylemez, derse kaldığı yerden devam eder.

"Ezan ile kamet arasında yapılan dua reddedilmez."

Hz. Muhammed (sav)

Bir Mirac Olarak Namazın Sırları

Bediüzzaman'ın Doğu'nun büyük bilgelerinden Muhammed Küfrevî hazretlerinden iki büyük ders aldığı, ikinci dersin, Muhyiddin İbnü'l-Arabî'nin *Fütuhat-ı Mekkiye*'sinden olduğu söylenir.

Nitekim I. Dünya Savaşı'nda cephede savaşırken kaleme aldığı *İşârâtü'l-İ'caz* adlı eserinde, Bakara suresini yorumlarken, namazın tadil-i erkânından söz eder ve şöyle der: *"Namaz, kul ile Allah arasında yüksek bir bağ, ulvî bir münasebet ve nezih bir hizmettir ki, her ruhu cezbetmek, onun gereğidir. Namazın erkânı, Fütuhat-ı Mekkiyye'nin şerhettiği gibi, öyle sırları ihtiva eder ki, her vicdanın muhabbetini celbetmek, namazın şe'nindendir. Namaz, Rabbimiz tarafından, her yirmi dört saat içinde belirlenmiş vakitlerde, manevi huzuruna yapılan bir davettir."*

Bediüzzaman'ın atıfta bulunduğu konu, özellikle *Fütuhat*'ın 69. bâbıdır. Muhyiddin-i Arabî, gerek *Fütuhat-ı Mekkiyye*'nin bu bölümünde, gerek *Tenezzülât* adlı eserinde, "münacat" kavramını kullanır ve abdestten namazın sonuna kadar yapılan ibadetin bütün rükünlerinin sırlarını açıklar.

İbn Arabî'ye ilişkin son derece değerli birkaç eser yazmış olan Michel Chodkiewicz'in, (dilimize güzel bir çevirisini Atilla Ataman'ın kazandırdığı) *Sahilsiz Bir Umman* adlı kitabının bir bölümü bu konuya ayrılmıştır.

Yazarın anlatımından dinleyelim:

Tenezzülât mukkadimesinde geçen münacat kelimesi, Ekberî ıstılahata aşinalığı olanlar için, İbn Arabî'nin muhtelif ibadetler arasında namaz üzerinde duracağının derhal anlaşılmasını sağlayacaktır. Neticede bu kelime, İbn Arabî'nin namaz hakkındaki pek çok izahına mesnet gösterdiği bir hadisten (*Her biriniz namaz kılmaktayken Rabb'iyle münacat halindedir*) muktebestir ve Ekberî külliyatta sık sık namaz manasına gelen "salât" kelimesi yerine kullanılır. İslam'ın beş rükünden ilki tevhidin ve Hz. Muhammed'in risaletinin ikrarı olan şehadettir ve imana ilişkindir, diğer dört rükünse (namaz, zekât, oruç ve hac) esas nitelikteki amellerden oluşur. Ancak namaz belli hususiyetleriyle temayüz etmektedir: Hesap gününde insandan sorulacak ilk amel namazdır. Zekât şartlara bağlı bir farzdır, zira fakirleri yükümlü değil, bilakis tahsildar kılmaktadır ve her halükârda senede bir kereye mahsustur. Hac da (mali güç, yol emniyeti, sağlık gibi) pek çok şarta bağlanmıştır ve bütün ömür müddetince bir kere yerine getirilmesi yeterlidir. Oruçsa -ki onda da bir takım yeterlilik şartları bulunmaktadır- on iki ayda bir ay tutulur. Halbuki namaz her gün yerine getirilecek bir farzdır. Yaşlılık ya da hastalık sebebiyle güç yetiremeyenler tarafından bile hiç değilse ima yoluyla kılınması gerekir ve hiçbir istisna tanımaksızın, aklı eren her Müslüman üzerinde günde beş vakit namaz borcu vardır. Namazın her gün ve günde beş kez yineleniyor olması onun hususi ehemmiyetini göstermektedir. Ayrıca namazın belli bir manada diğer üç farzı içerdiği de söylenebilir. Nasıl ki zekât "malik olma"nın arındırılmasıdır (zekât kelimesi etimolojik olarak "temizlenme, arınma" manasına gelir), namaz da "olma"yı arındırmaktır; oruç nasıl meşakkatliyse namaza devam da öyle meşakkatlidir ve tıpkı oruç gibi kişiyi lâdini rüyadan koparır. (Namazda namaz kılanın bütün kapıları kapanır ve namaza has makam gayret-i ilahî makamıdır). Beytullah'a müteveccih olarak kılınması gereken namaz yerinde sabit halde gerçekleştirilen bir hac gibidir ve aynı şekilde hac da hareket halinde kılınan bir namaza benzer. Külliyatının sayısız parçasını (bilhassa *Futuhat*'ın çok geniş bir bâbını) namaz konusuna ayıran İbn Arabî, *Tenezzülat*'ın başında namazın münacat niteliğini vurgulamakta ve musallinin hareketlerinin kainattaki âlemlere işaret ettiğini hatırlatmaktadır: Kıyamdaki dikey vaziyet beşeri âlem, ardından gelen rükûdaki yatay vaziyet hayvani âlem ve musalliyi arza doğru kapaklandıran secdeyse nebati âlemdir. Her ne kadar bu parçada anılmamış olsa da, söz konusu bakış açısı içinde, cülusun cemadat âlemine karşılık geleceği aşikârdır. Musalli birbirini izleyen bu rükünlar vasıtasıyla kendisindeki "âlemin muhtasarı" niteliğini fiilleştirmekte ve dolayısıyla da âlem-i sagir sıfatıyla, Allah'ın ona tevdi ettiği hilafet vazifesini deruhde edebilmektedir.

Şeyh-i Ekber önce abdesti ele alır ve tamamen saf olması hasebiyle aklı temizleyen "semavî su" ile karışık hale gelmiş olduğu için sırf duyuları temizleyen "arzî su"yu ayırt eder. Su hayatın kaynağı ve ilkesi, arzın toprağıysa bedenin kendisinden yaratılmış olduğu maddedir. Suyun yokluğunda toprakla teyemmüm edilebilmesi de işte bu sebebe dayanır. İster abdest ister teyemmüm söz konusu olsun, bu temizlenme her halükârda insanın asli haline dönüş manasına gelmektedir. Cinsi birleşmeden sonra gereken gusl ise bedenin bir kısmına değil bütününe yöneliktir, çünkü cimada (ki kelimenin iştikak ettiği kök tam olarak "bütünleşme" fikrini ifade eder) varlık sanki bir gaybet-i külliyeye gark olmuş ve kendisinden tamamen çıkmış gibidir.

Ardından Şeyh abdestin bütün unsurlarına teker teker temas eder: Ellerin yıkanması, yüzün yıkanması, ayakların yıkanması... Ama abdest aynı zamanda, biçimlendirdiği bütün tasavvurlardan arınan aklın kendi asli saffetine geri dönmesini de sağlamalıdır: "Ey akıl, sana ait namaz mahalline yönel ki O sana Kelam'ını okusun. İtikadından soyun. Sana hitap ettiği vakit de, O'na ne cevap vereceğini düşünme." İtikad, yalınlığı içindeki imanı ifade etmektedir. Bu kelime de, tıpkı akıl gibi, "bağlanmak" manasındaki bir köktendir. İtikad bir bağdan, beşeri kavrayışın içine Allah'ı sığdırdığı bir tasavvurdan ibarettir ve ümmiye haline dönerek her türlü sınırlayıcı tasavvuru terk etmek, ilahî hitabı işitebilmenin olmazsa olmaz şartını teşkil eder. Aklın bu hitaba cevap vermesi de söz konusu olmamalıdır, zira Allah muhataptaki cevabı kendisi yaratacak ve aklın müdahalesinden azat olmuş kul işte bu cevabı işitecektir.

Tenezzülat'ın bütün bâbları "Ruh-i Emin kalbe tenezzül etti ve şöyle dedi..." cümlesiyle başlamakta ve eserin ismi de buradan gelmektedir. Kametin lafızlarını açıklayan Ruh-i Emin, ardından namazın iftitahı olan tekbirin batını manasını öğretecektir:

Sen semavî ya da arzî herhangi bir halde bulunduğunda, zorunlu olarak Allah'ın isimlerinden bir ismin hükmü altındasındır. Bunu biliyor olman ya da olmaman, müşahede etmen ya daetmemen hiç fark etmez. Harekât ve sekenatını idare eden ancak bu ilahî isimdir ve senin mümkin ya da mevcut sıfatını taşıman da onun vasıtasıyla olmaktadır. Bu isim sana şöyle söyler: "Ben Allah'ım." Onun bu sözü haktır, ama ona şöyle cevap vermen gerekir: "Allahu ekber!" (...) Kesinlikle bil ki Zat-ı İlahî sana asla Zat olarak tecelli etmiz, ama sadece sıfatlarından bir sıfatın veçhesiyle tecelli eder. Ve sen Allah isminin manasını asla bilemezsin.

Sadece bu mutlakıyetle bile kayıtlanamayacak ve bilinmesi kesinlikle mümkün olmayan Zat, ibadete şayandır ve bütün sıfatlar ancak O'na ait olsa, "bütün isimler tek bir Müsemme'ya delalet" etse de, tekbirdeki "Allahu ekber" ile Zat-ı İlahî'yi Zat olarak gösteremeyen tecellinin Zat yerine konulması reddedilmiş olmaktadır. Allah büyük olan her şeyden daha büyüktür, isimlerinin tecellileri O'nu tanıtmaya yetmeyecektir, Allah bütün aşkınlıkları aşar.

Tekbirden sonra refu'l-yedeyn ele alınır, ki İbn Arabî'ye göre refu'l-yedeyn sadece iftitah tekbirine inhisar etmemektedir:

Allah Taala seni kendisiyle münacata davet etti, Ekrem seni lütuflarından nasip almaya çağırdı. Öyleyse mahviyet ve fakr içinde olmalısın. Her tekbirde ellerini kaldır ki o tecellide sana açılmış olan geride kalsın. (...) Elde ettiğini heybene at ve onda da büyük olan bir lütuf ve nuru talep et, zira Allah'ın büyüklüğüne sınır yoktur, senin o tecellide görmüş olduğun muvaffak kılındığın takdirde sonraki tecelli de göreceğinden daha küçüktür. Ekrem olan Allah'ın füyuzatı hiç kesilmeyecek, sürekli artacaktır. O'nu müşahede ettiğin sırdaki mahv ve fakriyetinle bu füyuzatı kabul et. Allah lütfetmeyi hiç bırakmaz, sen de secde etmeyi hiç bırakma.

Ardından Ruh-i Emin kıbleye yönelmenin sırrını öğretir: "Semana söyle ki letafetiyle sana perde olmasın, arzına (bedenine) söyle ki kesafetiyle sana perde olmasın." Batındaki kıble şeriatın zahirde tayin ettiği kıbleyi örtmemeli, zahirdeki kıble de batındakini örtmemelidir. "Nereye dönerseniz dönün Allah'ın vechi oradadır" ayeti, Ruh-i Emin'in şu talimatında yansır: "Dairevi bir yüz ol (...) ki bedeninin Kâbe'ye yönelmesi kalbinin huzur-ı ilahîye yönelmesine mani olmasın."

Kıble konusunu "kıyam ve kıraatin sırları" takip eder. Hz. Muhammed'e cevami'u'l-kelim verilmiştir ve Kuran önceki vahiylerin hepsini içermektedir. O halde Kuran okuyan kişi, Kelamullah'ı, batındaki haline göre değişen çok farklı şekillerde idrak edebilir ve bu şekillerden her biri Kuran'ın sayısız vechelerinden bir vechenin ifadesidir:

Öyleyse Kuran'ını ve Furkan'ını, Tevrat'ını ve Nur'unu, Kitab'ını ve Zebur'unu tefrik etmeyi bilmelisin. (...) Kuran Muhammedî'ye tahsis edilmiştir, Furkan ise ona Musevî verasete iştiraki dolayısıyla aittir.

Kuran'ı bütün vecheleri ve bütün "okunuş"larıyla idrak eden kâmil kari için, İbn Arabî'nin eserin daha ilerideki bir bölümünde yer alan bir mısraına müracaat edebiliriz:

Tevrat'ını taşıyorum, İncil'ini taşıyorum, Kuran'nını ve Zebur'unu taşıyorum.

Namaz kıraati olarak Fatiha suresi ve buna ilave edilen bir diğer sure ya da birkaç ayet okunur. O halde İbn Arabî'nin ilk temas edeceği de Fatiha suresi olacak, birbirini takip eden cümlelerinde geleneksel olarak Fatiha suresine işaret eden isimleri açıklayacaktır: "Bil ki onun iki yönü ve bir ortası ya da iki kısmı ve bu iki kısmı birbirine bağlayan bir bağı vardır." Burada Fatiha suresinin hadis-i kutside işaret edilen özelliğine telmih yapılmaktadır: "Namaz (yani namazın temel unsurlarından olan Fatiha'yı) benimle kulum arasında ikiye taksim ettim..." Allah'a ait olan kısım ilk dört ayet, insana ait kısımsa son üç ayettir ve Allah'a ait kısımla (Ancak sana ibadet ederiz) insana ait kısmı (Ancak senden yardım isteriz) birbirine bağlayan beşinci ayet bu ikisi arasındaki berzahı teşkil etmektedir. *Tenezzülat* metni, birkaç satır sonra tekrar Fatiha'nın bu özelliğine döner:

O parlak tecellileri açandır (Fatiha kelimesi "açmak" manasındaki kökten türemiştir). O Müsenna'dır, çünkü hem rububiyetin hem de ubudiyetin manalarını ihtiva eder. O Kafiyyedir, çünkü imtihanı ve emniyeti içerir. O Es-Seb'ul-Mesanidir, çünkü (Zat'ın) yedi sıfatını taşır. O El-Kuranu'l-Azimdir, çünkü muhdes ve kadimi anlatır. O Ümmu'l-Kitap'tır, çünkü nimet de azap da onun içinde bulunmaktadır. Onun bir tarafı hakaik-i ilahiyeye, diğer tarafı hakaik-i insaniyeye taaluk eder ve ortasıysa her ikisine de bakmaktadır.

Musallinin Fatiha'dan sonra okumayı seçeceği sureler hakkındaysa, "Bunlar üçten iki yüz seksen yediye kadar değişen sayıda menzil içermektedir, (...) biz bu menzilleri *Futuhat*'ta zikretmiştik" denir.

İbn Arabî, *Mevakiu'n-Nücum*'da dilin amellerini ele alırken de yapmış olduğu gibi, iki tür okumayı ayırt eder: Ardından, Necm suresinin ilk on yedi ayetini bu iki farklı açıya göre tefsir etmek suretiyle aradaki farkı gösterir. Gerçi Şeyh-i Ekber niçin bu ayetleri seçtiğine dair herhangi bir açıklama yapmamaktadır, ama bu tercih hiçbir yönden keyfi değildir. Söz konusu ayetler Hz. Peygamber'in miracını tasvir etmektedir ve hadiste "müminin miracı" olarak nitelenen namaz da mirac sırasında teşri' edilmiştir. "Müminin miracı" zahiren bir çelişki yaratıyormuş gibi gözükür, çünkü namaz kılan secde etmekle yükselmektedir: "Secdenin yükselişin inişinde ve seman da arzındadır."

Kıraati rükû ve secde takip edecektir

Müminin miracını, yani yükselişini teşkil eden bu inişin ilk merhalesi olan rükûda bedenin sadece üst kısmı eğilir ve bu sebeple de rükû sema ve arz arasında, kıyamın temsil ettiği rububiyet ve secdenin temsil ettiği ubudiyet arasında berzah olmaktadır. Böylece rükû, kendisine yüce ve aşağı hakikatleri toplayan insanın çifte tabiatını izhar eder. İşte bu yüzdendir ki rükûdan doğrulan musalli mahlûkata (ve dolayısıyla mahlukiyeti vechesiyle bizzat kendisine) Allah adına haber vermekte ve "Allah O'na hamd edeni işitmiştir" demektedir. Nitekim hadise göre de rükûdan doğrulmuş kulun ağzından konuşan Allah'tan başkası değildir.

Bir kez daha hadislere atıf yapan İbn Arabî, bedenin yere yönelmesiyle Allah'ın gecenin son üçte birinde dünya semasına inmesi arasında benzerlik kurar. Secde mahalli olan yere doğru eğilen insan Allah'a yakınlığı aramaktadır, çünkü ayette "Secde et ve yaklaş" (Alak Suresi, 19), hadis-i kutsideyse "Kulum bana bir karış yaklaştığı zaman ben ona bir arşın yaklaşırım." buyrulmuştur. Fakat nasıl ki arza eğilerek secdeye kapanmak kısa bir vakit içindir, bu eğilişe tekabül eden tecelli de kısa sürelidir. Bu tecelli sabit değildir ve sürmesini istemek beyhude olacaktır. "O tıpkı yağ gibi kayar. *-Ke'd-dihhan.-* (Rahman Suresi, 37)."

Secdeyle ilgili bahiste İbn Arabî tekrar Alak suresinin 19. ayetine döner:

Seni kurbete çağıran O'nun El-Karib ismidir. Sen muhibsin, mahbub değil. İşte bu yüzden de sana "Secde et ve yaklaş" denmektedir, yoksa "Secde et, sen yakınsın" denirdi. Bil ki secde esnasında şeytanının etkisinden uzak olur ve masum hale gelirsin, çünkü secden onu teshir eder ve senin üzerindeki gücünü kaldırır. O seni secdede gördüğü zaman sadece kendini ve Allah'ın emrine isyan ederek Hz. Adem'e müteveccihen secde etmeyişini düşünür, azabının ateşiyle yanmakta olduğu halde seni muti görmekte ve kendisini bekleyen akıbeti müşahede etmektedir... Allah sizi ve beni secde edenler ve bulanlardan kılsın.

Futuhat'ın 69. bâbının secdeyi işleyen bölümündeyse İbn Arabî, müminlerin Hz. Peygamber'i örnek alması gerektiğini hatırlatarak, üç kez tekrarlanan "Sübhane rabbiyel âla" tesbihinden sonra gelen şu nebevî duayı iktibas eder:

"Kalbime bir nur ver. Kulağıma bir nur ver. Gözüme bir nur ver. Sağıma bir nur ver. Soluma bir nur ver. Üzerime bir nur ver. Altıma bir nur ver. Bana bir nur ver. Beni nur kıl."

Hatırlayacak olursak, En-Nur'un aynı zamanda esma-i hüsnadan da olduğunu görmüştük. İbn Arabî şöyle yazıyor: "Musalli secdede ikinci olarak 'Beni nur kıl' demektedir, ki bu da 'Beni sen kıl' manasına gelir." Secdenin ulaştırdığı "kurbet", theosisin bir diğer isminden başka bir şey değildir. *Futuhat*'ın bu parçasında aynı konu tekrar vurgulanacaktır: "Beni benden al ve yegâne varlığım sen ol ki baktığım her şeyi ancak seninle göreyim."

Kıyam, rükû ve secdeden sonra da celse, yani oturuş gelmektedir. Allah gökleri ve yeri altı günde yarattıktan sonra "Arş'a istiva etmiştir." (Hadid Suresi, 4) ve bu ilahî istiva, tam olarak belirlemek gerekirse, Rahman'ın istivasıdır (Taha Suresi, 5). İbn Arabî celse ve istiva arasında benzerlik kuracak ve hem bu benzerlikten, hem de celse sırasında okunan teşehhütten pek çok sonuç çıkaracaktır.

Seni hakikatlere ulaşmak ve incelikleri idrak etmekten alıkoyacak hiçbir perde kalmamıştır, ama bu mahsusat âlemiyle mezcolmuş olman müstesna. Ayrımlanma gelip birleşme zail olduğunda, (...) hakaik tecelli edecek (...) ve o zamana kadar sana kapalı kalmış sırlara muttali olacaksın.

Fakat dünyadan zaten alakasını kesmiş, Hz. Peygamber'in ifadesiyle "Ölmeden önce ölmüş" olan kişi için herhangi bir bekleyiş yoktur: "Sen istiva makamına (mükemmel denge haline) ulaştın, sema ve arzın tasarrufu altından çıktın." Mütaekip cümleler teşehhüdü oluşturan lafızlara tekabül edecek şekilde sıralanmaktadır: "O halde sureti üzere yaratılmış olduğun Allah'a salât et. Ardından sana hidayet getirmiş olan ve -nida kelimeleri vasıtasıyla mevcudiyeti kesin olarak bildirildiğine göreönünde bulunmakla şerefyab olduğun Hz. Peygamber'e selâm et." İşaret edilen nida kelimeleri teşehhütte Hz. Peygamber için kullanılan ve dilbilgisine göre, hazır bulunan ikinci şahsa (muhatap) has ya *eyyuhe* ibaresidir.

Sonra da Allah'tan gelen bir selâmla kendini ve kendi cinsinden olan varlıkları selâmla, çünkü (aynı zamanda esma-i hüsnadan olan) Selâm senin Rabbindir ve Selâm isminin derecesi senin o andaki tecellinin mahallidir. Ve nihayet O'nun birliğini ikrar ve her türlü şirki reddet (teşehhüdün sonunda yer alan kelime-i şehadete telmih). İşte o zaman senin kaybolman gerekir, zira arzu ettiğini bu gaybetin içinde bulacaksın.

Musalli, iftitah tekbiriyle beraber girmiş olduğu namazdan çıkmak üzere, başını sağı çevirerek "Es-selâmu aleyküm" demelidir. Bu selâm muhtelif manalar taşıyabilmektedir ya da gafil bir musalli tarafından adet saikiyle ve huzur-ı kalp olmaksızın telaffuz edilmiştir ve hiçbir mana taşımayacaktır.

Namazda Müslümanlar iki topluluk halindedir ve dolayısıyla namazı kılmanın da iki şekli vardır. Bu iki şekli birleştiren kişiyse bunlara tekabül eden hakikatleri de birleştirmiş olacaktır.

Bu iki topluluktan efdal olan, (namazdan çıktıkları sırada) Allah'ın bir isminin tedbirinden bir diğer isminin tedbirine geçtikleri için selâm verenlerdir. Bu kullar ayrıldıkları ve vasıl oldukları isimleri selâmlamaktadır.

Diğer topluluktakilerse ayrılmakta oldukları Rahman'ı ve geri dönmekte oldukları mahlûkatı selâmlar. En gündelik ve (tabiri caizse) en alelade ibadet olan, diniyle amil en sıradan Müslümanın bile hayatına şekil veren namaz, aynı zamanda, Allah ile en yüksek "kurbet"e götüren ibadettir. Ve kurbet, insanı sureti üzere yaratılmış olduğu Allah'a tekrar kavuşturan "teşebbüh billah"ın bir diğer isminden başka bir şey değildir. "Kuran arşı" haline gelmek için, Kuran'ın bildirdiği şeriata tabi olmak gerekmektedir: Velayet ancak şeriatın tespit ettiği ibadetler sayesinde hâsıl olacaktır, farzlara eklenen diğer ameller, fazilet ve faydaları ne olursa olsun, ister avam ister havass bütün müminlerin üzerine borç olan bu farzlarla asla kıyas edilemez ve onlarınkine denk bir meyve veremez. İbn Arabî, "Kulum Bana farz amellerden daha fazla sevdiğim bir şeyle yaklaşmamıştır" hadis-i kutsisini ele aldığı sayısız metinlerinden birinde şöyle yazıyor: "Farzlar Allah katında nafilelerden daha yüksek ve daha sevimlidir." Şüphesiz, söz konusu kutsi hadiste farzların hemen ardından nafileler de zikredilmektedir. "Kulum bana nafilelerle yaklaşmaya devam eder. Nihayet onu severim. Ve onu sevdiğimde onun işiten kulağı, gören gözü, tutan eli, yürüyen ayağı olurum." Fakat nafileler her ne kadar belli bir açıdan zaruri de olsa (zira hem mücahede ve farzları daha kamil yerine getirmek üzere terbiyeye hizmet etmekte, hem de hesap günü geldiğinde farzlarının eksikliklerini telafi etmeye yaramaktadırlar), belli bir manada daima nakıs kalacaklarını söylemek mümkündür. Çünkü bir yanılsama ve vehim üzerine bina edilmektedirler. Halbuki bu vehim terk edildiğinde, kul hiçbir şeye malik olmadığını da hiçbir şey olmadığını da bilecek ve müstakil bir irade, tercih ve ihtiyar göstermenin benlik yanılgısından başka bir şeye dayanmadığını kavrayacaktır. İbn Arabî yukarıdaki hadisi iktibas ettikten sonra şöyle ekler: "Şayet nafilelerin meyvesi buysa (Allah'ın kulun kulağı, gözü, ilh. olması), düşün ki farzların meyvesi nasıldır? Farzlar sayesinde kul Allah'ın kulağı ve gözü olacaktır!"

Kerametler, ilimler, tecelliler... Bütün işaretler ancak feraize gönderilmekte, bütün kemaller ancak feraize bağlanmaktadır ve feraiz de şeriattan başka bir şey değildir. *Futuhat*'ın 73. bâbının -velayetin işlev, tavır ve derecelerinin ele alındığı birinci kısmından sonraki- ikinci kısmında, bu zaruri bağlılık bütün berraklığıyla ortaya koyulur. İbn Arabî söz konusu metinde Tirmizi'nin meşhur sorularını cevaplamıştır ve genellikle soruların kendisi kadar muammalı gözüken bu cevaplar, bütün olarak bakıldığında, bâbın ilk kısmıyla tam bir ahenk arz etmekte ve velayete dair Ekberî irfanı özetlemektedir. Muammalı gözüken dedik, çünkü burada da pek çok parçanın örtülü olarak yaptığı atıflar belli bir okuma anahtarı sunmakta ve zahirdeki müşkillerin çözülmesini sağlamaktadır: Atıf merciinin namaz olduğu anlaşıldığı zaman pek çok şey yerine oturacaktır. Ve namaza yapılan atıflar vasıtasıyla zahir ve batın arasındaki mükemmel uyum bir kez daha gözler önüne serilmiş olmaktadır. Şeyr ü sülûkun nihayeti ancak onun bidayetini de teşkil eden asıl içinde gerçekleşecektir: Şeriata ittiba.

Tirmizi'nin 5. sorusu şöyledir: "Söz ve meclis ehlinin makamları nerededir?" İbn Arabî'nin soruya verdiği cevapta altı hazret ve bu hazretlerin her birine ait belli sayıda meclis zikredilmektedir: Birinci, ikinci ve dördüncü hazretler için sekiz, altıncı için iki, üçüncü için altı, beşinci için dört meclis. Bu meclislerden bazıları "kavuşma", bazılarıysa "ayrılık" meclisleridir. Ayrıca, Allah'ın hitabına muhatap oldukları için "ehlu'l hadis" olarak adlandırılan "muhaddesenun"un aynı zamanda "ehlu'ş-şuhud"da olduğu ve mecalis kelimesinin onlar hakkında sadece birinci vecheden (yani ehlu'l-hadis olmaları çerçevesinde) söz konusu edilebileceği belirtilir.

Meclisler, hadisler, şuhud... Bu belirsiz görünen kelime haznesi aslında namaza matuftur. Altı hazret, vitir namazıyla birlikte sayılan beş vakit namazdır. Mecalis kelimesi ki tıpkı celse gibi "*cls*" kökünden gelmektedir, namazdaki celseye işaret eder. İlk hazret sekiz celse içeren öğle namazı, üçüncü hazret altı kez celseye oturulan akşam namazı, beşinci hazretse dört celseli sabah namazıdır. "Kavuşma meclisleri" iki rekatta bir oturulan ve teşehhüdün okunmasıyla temayüz eden ilk ka'deler, "ayrılık meclisleri" ise son ka'derlerdir. Nitekim İbn Arabî 8. sorunun cevabında her bir hazrette sadece bir "ayrılık meclisi" bulunduğunu tasrih edecektir.

Hadis ancak huzur halinde mevzubahis olabilecektir. Şuhud ile telif edilmesi mümkün değildir, çünkü şuhutta müşahidin fenası gerekir. Allah ile söyleşme -mütekabil beden duruşunun sembolizmi itibarıyla- sabitliği, yani bekayı ifade eden celseyle ilişkilendirildiği gibi, şuhud da bütün varlığın kendi hiçliğine geri döndüğü secdeyle ilişkilendirilmektedir. Ancak ve ancak bu secde vasıtasıyla namaz kılanlar "Allah'ın kendi nefisleriyle değil, O'nunla görür." Celse ve meclis, hazret ve salât, şuhud ve sucud arasındaki özdeşlik metnin hiçbir yerinde açıkça telaffuz edilmemiştir gerçi, ama buna işaret eden ipuçları kesinlikle eksik değildir ve aslında gayet açık olan çözüm okuyucuya bırakılmaktadır. Metnin devamında da örtülü ifadelerle namaz konu edilmekte, velinin ilahî esrara namaz vasıtasıyla ve namaz içinde muttali olduğu anlatılmaktadır.

"Münacat neyle açılır?" İbn Arabî'nin bu sorunun cevabında kullandığı üç kelime sırasıyla iftitah tekbiri, besmele ve Fatiha suresinin ilk ayetini temsil eder. Ardından, Hz. Peygamber'le baş başa konuşmadan önce sadaka verilmesini emreden ayeti işaretle şöyle söyleyecektir: "Ve insan için sadakaların en hayırlısı bizzat kendisini tasadduk etmesi, kendi benliğini bırakmasıdır. (...) öyle ki artık kendi vasıtasıyla kendi'sine konuşan Allah olacak ve şayet O değilse, kimse bu baş başa konuşmayı dinleyemeyecektir." Secdede hâsıl olan bu külli adanmışlık her musalli üzerine borçtur ve namazın hakikaten münacat sayılabilmesi de ancak bu şekilde mümkün olur. Benlik aradan çıktığında Allah yine Allah'la konuşacak, kulsa bu konuşmanın mahallinden ibaret kalacaktır.

"Münacat neyle mühürlenir?" Bu sorunun cevabında açıkça zikredilmeksizin işaret edilen selâm kelimesi gerekli anahtarı sunmaktadır. Selâmla namazdan çıkılmış ve mahlûkata dönülmüş olur. Biraz yukarıda *Tenezzülat*'tan iktibas etmiş olduğumuz metinde, İbn Arabî soruya cevap verirken bahsettiği -terk edilen ve vasıl olunan- "isimler"den ne kastedildiğini anlamamızı sağlayacaktır. Ama daha da belirginleştirmek gerekirse, Şeyh-i Ekber ibadeti oluşturan unsurlar içinde zaten dile getirilen isimlere işaret etmektedir: Terk edilen isim teşehhütte son olarak telaffuz edilen Allah ismi, onu takip edense namazdan çıkarken telaffuz edilen Es-Selâm ismidir. İbn Arabî'nin başka bir izahat vermeden "bu ikisi arasında gizli" olduğunu ve namazın kendisiyle kapandığını söylediği isim de, teşehhüdün sonundaki "resuluhu" ifadesinde ortaya çıkan "*Hüve*"dir. Tirmizi'nin 12. sorusundaysa namazın bir diğer sembolik ismi karşımıza çıkar. Bu adlandırmada namaz bir yolculuğa -namazın edasında bahsetmek üzere Kuran'da daima "*kvm*" fiilinin kullanılıyor olmasının da gösterdiği üzere- dikey bir yolculuk, yani bir miraca benzetilmektedir. "Meclislere ve nadise doğru" yapılan bir yolculuk "Allah'tan başka her şeyden tecerrüt etmiş himmetlerle" gerçekleşmelidir. Bu tecerrüt ve tasaffiyi sadece umumi manada anlamamız gerekiyor, zira asıl olarak abdeste telmih yapılmaktadır. Verdiği cevabının son kısmında bu kez açık bir dille konuşmayı tercih eden İbn Arabî dört yolculuğu, ya da daha doğrusu aynı yolculuğun dört mertebesini birbirinden ayırt eder ('O'ndan, O'na, O'nda, O'nunla) ve bu mertebeleri kıyam, rükû, secde ve celseyle özdeşleştirir. Böylece, namaz erkânı metinde açık olarak zikredilmiş de olmaktadır. Daha önceki sayfalarda yapılan örtülü atıfların da namaza gönderdiğini anlamak buradan itibaren çok daha kolay olmalıdır. Her halükârda, Hz. Peygamber'in "Gözünün aydınlığı"nı namazda bulduğunu bildiren hadisin zikredilmesi gayet açık bir ipucu sunacaktır. 99. soruda "hamd'in başlangıcı" sorulmaktadır. El-Hamd aynı zamanda Fatiha suresinin meşhur isimlerindendir ve İbn Arabî bu kez kapalı olmayan bir dili tercih eder, zira Tirmizi'nin sorusunda Fatiha'nın kastedildiği -bir sonraki soruda Fatiha suresinin sonunda söylenen "âmin"in konu edilmesinden de anlaşılabileceği üzere- gayet açıktır. Şeyh-i Ekber'in cevabında, *Futuhat*'ın 2. ve 5. bâblarında da görülen mefhumlar kullanılarak ilmu'l-hurufa müracaat edilmektedir: El-Hamd'ın başı, şayet Allah ve mahlûkat arasındaki rabıta açısından bakılacak olursa, besmelenin ba'sıdır; ama Allah'ın her şeyden münezzeh ve müstağni oluşu açısından bakıldığında, El-Hamd kelimesinin elifi olur. Bu vesileyle şunu da belirtmiş olalım ki İbn Arabî, başka türlü de anlaşılması mümkün olan bu soruları namaza matuf olarak ele almakla Tirmizi'nin kastından uzaklaşmakta ve manayı tahrif etmekte değildir. Hakim Tirmizi'nin hakikat ilmi iddia eden kişiyi muhatap tutan ve yalancı iddiaları bertaraf etmek adına kasten kapalı ifadelerle kaleme alınmış soruları, dikkat edildiğinde görüleceği üzere, gerçekten de namaz konusu etrafında kurulmuştur.

101. ve 102. sorulara (Secde nedir? Başlangıcı nedir?) bakıldığında, bu bir kez daha çok açık olarak görülmektedir. İbn Arabî secdeye ilişkin soruya şöyle cevap verir: "Beden kendisinden yaratılmış olduğu toprağa secde eder, ruh kaynağını aldığı külli ruh önünde, sır ise Rabbi önünde secde eder."

Ardından şöyle eklemektedir. "Namaz kılanın vechi, secdesinde daim kalmaz ve tekrar doğrulur, çünkü önünde secde ettiği kıble de var kalmamaktadır. (...) Ama kalp hiçbir zaman kıblesinden çevrilmez, çünkü onun kıblesi Rabbinden başkası değildir ve Rabbi bakidir."

Tirmizi'nin 9. sorusuna verdiği cevapta İbn Arabî "münacata (namaza) Rida-i Kibriya'ya bürünerek başlayan ve sonra onu kısmen çıkaran" kimselerden bahsetmekteydi. Burada kullanılan Rida-i Kibriya tabiri şu kutsi hadisten muktebestir: "Kibriya benim ridam ve azamet benim izarım..." İbn Arabî 9. soruya cevap verirken daha fazla üzerinde durmadığı bu konuya 103.-107. soruların cevaplarında geri dönmekte ve hadisteki anahtar kelimeleri tek tek ele almaktadır; öyle ki şayet burada verdiği izahatın inceliklerine hakkıyla vakıf olunursa, Ekberî velayet mefhumunun ibadat ve hususen de namaz üzerine bina edilmiş olduğu bir kez daha görülmüş olacaktır. Kibriya kelimesi namaz kılanın kıyamdayken getirdiği tekbire telmih yapmaktadır. Musalli kıyamda sembolik manada -yani halife olarak- tedbir işlevini (ki hakikatte sadece Allah'a aittir) yüklenmiştir, fakat bu şekilde bürünmüş olduğu Rida-i Kibriya'dan derhal soyunması gerekir, zira aksi takdirde ontolojik fakrını unutması söz konusu olabilir. İşte bu yüzden de rükûda yarı yarıya bir eğilme vardır: Vücudun eğilen üst bölümü kuşandığı Rida-i Kibriya'dan yere paralel hale gelerek soyunmaktan ve geriye sadece alt bölümün örtündüğü izar kalmaktadır. *Tenezzülat*'ta belirtildiği üzere rükû, her türlü rububiyet vehmi ve müsakillik iddiasının terkine doğru bir berzahtır ve asıl terk secdede gerçekleşecektir. Secdeyle beraber musalli "fi esfeli's-safilin", yani "aşağıların en aşağısında" kaybolacak, bir daha dönmemek üzere mutlak kulluğunu ikrar edecektir.

O halde niçin İbn Arabî'nin "Rida nedir?" sorusuna şöyle cevap verdiği anlaşılıyor olmalıdır: "Rida, (Allah'ın) sureti üzere yaratılmış olan ve kendisinde ilahî hakikatlerle imkânî hakikatleri toplayan kamil kuldur." İnsan-ı kamil işte bu abd-i kamilden başkası değildir ve onun hilafet rütbesi de, kıyamda Rida-i Kibriya'ya bürünmesi de sahihtir, halbuki insanların çoğu için bu kıyam hayali bir taklitten ibaret kalır. Abd-i kamil "Allah'ın ridası"dır, çünkü Allah "batın fihi", yani onda gizlidir ve tıpkı bir rida gibi onunla örtünmektedir. Ama bu kul asla ubudetini unutmayacaktır: Allah ona sinmiş gibidir çünkü o Allah'ta fâni olmuştur.

109. sorunun (Vakar nedir?) cevabında namazın esrarı açıklanmaya devam eder. İbn Arabî müminlere namazı "sekinet ve vakarla" kılmalarını bildiren hadise atıf yapmaktadır; ki kendisi de büyük bir hadis alimi olan Tirmizi'nin vakar kelimesini seçerken bu hadise dayandığı, diğer sorularını namaza dair olmasından anlaşılabi-

lecektir. İlk anlamı -tıpkı aynı manadaki Fransızca kelimenin kaynağı olan Latince gravitas gibi- "ağırlık" olan vakar kelimesi, İbn Arabî'ye göre sadece zahiri bir tavrı ifade etmektedir. Şeyh-i Ekber, tıpkı cismani ölümün öncesinde Kuran'da "sekeratu'l-mevt" olarak adlandırılmış, kendinden geçme ve sarhoşluğun bulunması gibi, tecellinin de bir cins "ölüm"den önce söz konusu olamayacağını açıklamaktadır. Bu "ölüm" kendini çileli bir ıztırap, ezici bir yük, çökertici bir "ağırlık" olarak gösterir ve musalliyi ilahî isimlerin tecellilerini kabule hazırlar.

112. soruda karşılaşılacak ziya, yani "aydınlık" mefhumu da namaza, daha doğrusu namazın zorunlu şartı olan abdeste dair bir hadise bağlı olarak anlaşılmalıdır: "Abdest aydınlıktır". Verilen cevap, soruda bedeni ve ruhu arındıran kamil manada abdestin sırlarına işaret edildiğini doğrulamaktadır. Nitekim müteakip iki sorunun cevaplarında da "el-kuds", yani müteal temizlik ele alınacak ve özsel temizlikle yeniden edinilmesi gereken arazi temizlik ayırt edilecektir.

147.-151. sorulara verilen cevaplar da bizi -üstelik gayet açık olarak- namaz konusuna yöneltmektedir. Bu cevaplar, Besmele'den sonra bir kez daha teşehhüdü oluşturan ibareleri ele almakta ve tek tek izah etmektedir. Meselâ *es- selâmu aleyna* ibaresi hakkında Nur suresinin 61. ayetine işaret edilir ve kulların birbirlerine verdiği selâmın aslında *tahiyyeten minallah*, "Allah'tan bir selâm" olduğu açıklanır. İbn Arabî bu izahın ardından şu neticeye varacaktır: Namaz kılan kişi "Rabb'ine yönelmesiyle kendine yabancı olmuş" olmalıdır. Bu takdirde, "sen kendin için O'nun tercümanı olursun"; zira "Rabb'ine yönelmesiyle kendine yabancı olmuş" musallinin ağzından konuşan Allah'tan başkası değildir. Sonran bir önceki soru olan 154. sorunun cevabıysa tamamen Ümmü'l-kitab olan Fatiha suresine hasredilmiştir, yani yine namaz hakkındadır.

Açık ya da örtülü olarak bizi daima namaz konusuna gönderen daha pek çok metne işaret etmemiz mümkündür. İstisnasız bütün müminlerin üzerine borç olan namaz üzerinde bu kadar ısrarla durulmaktadır, çünkü arif-i billahın kamil kulluğu tahakkuk ettirmesi ancak onun vasıtasıyladır ve ubudet ise farzların nafilelerden üstünlüğünü ve velayetin şeriatın hakiki ruhu olduğunu öğreten bütün bu irfanın dayandığı temel mefhumdur. İbn Arabî şöyle der: "Ubudet, emr-i ilahiye hiçbir masiyet gölgesi düşmeyen eksiksiz ve dolayısız itaattir." Ayrıca ubudet ve ubudiyeti de ayırt etmektedir. Ubudet asla değişmeyen bir konum, ubudiyet ise bu konumu itibarıyla abde belirli bir halde taalluk eden hükmüdür. İbn Arabî, Tirmizi'nin "Ubudiyet kaç kısımdır?" sorusuna şöyle cevap verir: "Esmaü'l-hüsnanın doksan dokuz olması gibi ubudiyet de doksan dokuz kısımdır, (...) çünkü Allah'ın isimlerinden her birine has bir ubudiyet tekabül eder". Kul, birbirlerini izleyerek varlığına bu ilahi isimlerden (ki bütün âlem onların hiç kesilmeyen tecellilerin mazharından ibarettir) her biri karşısında, o ismin kendine has mahiyetinin talep ettiği tavra bürünmeli ve o isme uygun düşen itaat tarzıyla davranmalıdır. Allah Rezzak ismiyle tecelli ettiğinde, bu tecelli karşısındaki kuldan beklenen ubudiyet "Mumit" ya da "Müntakim" isimlerinin tecellileri karşısındaki kuldan beklenin aynı olmayacaktır.

İlahî emre gösterilen mutlak itaat, âyân-ı sabitenin itaatidir. Ve İbn Arabî'ye göre âyân hiçbir zaman bir varlık sahibi olmaz, daima sübut halinde kalır. Onların vücudu Allah'ın vücudunun yansımasından, ödünç alınmış bir "giysi"den ibarettir. "Orada Allah'tan başkası yoktur. O varlığın kaynağı ve var olandır, her birinin sahip olduğu istidada göre ayanda tecelli etmektedir. (...) Âyân-ı sabite için var olma emr-i ilahîsi geldiğinde, kendilerinde Allah'ın varlığından başka bir varlık bulamadılar. Allah onlarda tecelli ettiğinde kendine tecelli etmekteydi."

Bu sabit ilkelere gelen "varlıklanma" emri onlar için sadece tek bir netice hâsıl etmektedir: Daha önce Allah'ın huzurunda, "kendi kendilerinden gaib ve kendilerini görmez halde"yken, birdenbire kendilerine dair şuur edinirler. Abdülkerim Cilî'nin "Sonsuzluğun bir vaktinde insan henüz anılan bir şey değildi." (İnsan Suresi, 1) ayetini iktibas ediyor olması sebepsiz değildir. Burada alışılmış karşılığını vererek tercüme ettiğimiz "mezkuren" kelimesi, Şeyh-i Ekber'e göre "ma'lumen" manasındadır. Yani insan henüz kendini bilmemektedir. Sonsuzluğun bu vaktinde de biz olduğumuz ve olacağımız her şey olmuştuk ama henüz olduğumuzu bilmemekteydik.

"Senin arz içinde nazar kıldığın gül
Tâ ezelden beri Allah'ta açmakta."

Wandersmann'ın meşhur mısralarında Angelus Silesius: "Bu ezeli gül, gül olduğunu bilmeksizin açmaktadır. Rayihasından da isminden de bihaberdir. Ve yine aynı şekilde, sonsuzluğun bu vaktinde ben Allah'ı talep etmemekteydim. İrade ettiğim ne O'nun irade ettiğiydi ne de O'nun irade ettiğinden başkasıydı. Ben olduğum da O'nda olduğumu bilmeksizin O'ndaydım. Allah ise beni biliyordu, çünkü kendisini bilmekteydi. Ve Allah'ın bana dair bilgisi kendisi hakkındaki bilgisiyle aynı tarzdaydı."

Kullanılan dilin bayağılık ve eksikliği aldatmamalıdır. Zaman bildiren fiillere başvurulması sanki an-ı daim kendisinin yerini almış bir şimdi namına geçmişin bir noktasına itiliyor vehmi vermekte, asla dışına çıkmadığımız hiçliğimize gramatikal bir varlık yanılsaması kazandırmaktadır. Halbuki gül ne "önce" ne de "sonra" kendine ait müstakil bir varlığa sahiptir. Bizim konumumuz her zaman için ubudettir. Bu konuma ulaşmak, onu kesbetmek ya da ona geri dönmek söz konusu olamaz, çünkü kul bizatihi ubudet içindedir. Fakat bir şey "olma" şuuru, "kün!" emr-i ilahisine uyarak dışsallaşmış cüzi varoluşa geçmek bir ayrılık ortaya çıkarmıştır. Aslında bu harici varlık sadece bir istiareden ibarettir, ama her halükârda abdin kendisini etrafını saran mümkin varlıklardan ve asıl önemlisi Allah'tan ayrı olarak algılamasını sağlamaktadır. Kulun Allah hakkındaki bilgisi işte bu noktadan itibaren söz konusu olacaktır ve "Nefsini bilen Rabb'ini de bilir" hadisinde işaret edilen manalardan biri budur. Halbuki ubudetin şuuruna varılmasını sağlayan bu bilgi, aynı zamanda ubudeti perdelemektedir de. Zira hakiki ubudet kendi kendinden meçhuldür. Öyleyse -Cilî'nin kulun sürekli olarak ubudetini müşahedesi şeklinde tarif ettiği- ubudiyet, yeniden "kör, sağır, dilsiz" hale gelinmesini, yani İbn Arabî'nin *Melamileri* tasvir ederken kullandığı sıfatlarla sıfatlanılmasını gerektirir. Fakr iradenin, ümmiyye aklın sükûtu olduğu gibi, ubudiyet de varlığın sükûtudur.

Hz. Peygamber'in bir sahabisinin İnsan suresinin yukarıda iktibas etmiş olduğumuz ayetini (...insan zikre değer bir şey değildi) işitince şöyle nida ettiği rivayet edilmektedir: "Keşke hep böyle kalabilseydim!" İbn Arabî'nin şu cümlesinde de daha başka bir şey ifade ediliyor değildir: "İnsanda cemadiyet sıfatından daha üstün bir sıfat yoktur." Sadece hareket ettirilirse hareket eden taşınkinden üstün bir hal bulunmamaktadır: İnsanın ölüp de toprağa dönüştüğünde sahip olduğu cemadiyet, hayattayken sahip olduğu beşeriyetten daha şereflidir. Kâbe taştan ibarettir, " ne hisseder ne görür, aklı da yoktur işitmesi de", ama yine de "Allah'ın evi" ve "âlemin kalbi" olmaktadır. Sonsuzluğun -akıp geçtiği algılanan zaman tarafından ortadan kaldırılmayacak- bu vaktindeki ubudiyet; hiçbir şey bilmediğimiz, ne Allah'ı da ne de kendimizi tanıdığımız bu cemadiyet halidir. Halbuki "nefsini bilen"nin bildiği Rabb Allah olmayacaktır, çünkü bu abd Rabbini "kendinden başka", kendiniyse "O'ndan başka" olarak tanımış ve böylece kendisine Allah'tan müstakil bir varlık atfetmiştir. Kulun bildiği bu Rabb, kulun küçüklüğü nispetinde tasavvur edilebilmiş ve itikadının bağları içine sıkıştırılmış bir puttan başka bir şey değildir. Ubudiyetin mutlak yalınlığı ve çıplaklığı içindeyse, abd artık ne Allah'ı talep edebilecek, ne de O'nu sevebilecek ne de bilebilecektir.

Aslında kendisini talep etmekte, sevmekte ve bilmekte olan ancak Allah'tır.

İbn Arabî sadece "güneşi Lem yekun burcunda doğan", vehmî varlığını Beyyine (Apaçıklık) suresinin -"kün!" ilahi emrine karşılık teşkil eden- bu ilk iki kelimesindeki yokluğa iade eden kişinin ihsan mertebesine ulaşabileceğini yazmaktadır. Şeyh-i Ekber bu iki kelimeyi siyak ve sibaklarından tecrit eder, zira Kelamullah'ı oluşturan her bir unsur kendi başına müstakil bir mananın hamilidir. Bu dehşetli Lem yekun'un sarsıntısı "insan henüz anılan bir şey olmadığı" ezeliyet vaktini geri getirmekte, insana onu var etmiş olan "kün!" emriyle

Allah'tan bağımsız bir varlık kazanmış olmadığını hatırlatmaktadır. Bütün *Kitabü'l-Fena fi'l-Müşahede* metni, ihsan hadisine ulaşmak üzere, bu ayet parçasından yola çıkacaktır: Dil açısından bakıldığında Lem yekun'u bağlamından ayırmış olan yorumdan daha az keyfi olmayan bir müdahaleyle, hadisteki "Sen O'nu görmemekteysen..." ifadesine bir durak eklenecek ve "Sen yoksan O'nu görürsün." hakikati ortaya çıkarılacaktır.

Ubudet mahlûkun asla değişmeyecek olan konumu, ubudiyet bu konumdan kaynaklanan kayıttır ve sadece ubudeti kul tarafından idrak edilmekteyse fiilileşir. Ubudetin idraki demekteyiz, çünkü ona herhangi bir rıza gösterilmesi söz konusu değildir: Şayet hala bir rıza gösterme ve itaat iddiası mevcutsa, sadece bu bile bir itaatsizlik teşkil edecektir; zira böyle bir iddia müstakil bir karar kabiliyeti, bir hür irade vehmedildiğini göstermektedir. Ubudet ve ubudiyet kelimeleriyle aynı kökten gelen ibadet ise, çoğul hali olan *ibâdât* kelimesinin fıkıh kitaplarındaki teknik kullanımı itibarıyla, "Allah'a karşı ödevler" olarak tanımlayabileceğimiz amelleri ifade etmekte ve "toplum içindeki ödevler"i bir araya toplayan muamelattan ayırt edilmektedir. Ezeliyet noktasından bakıldığında, ibadet bir varış noktası ve nihayet teşkil eder: Ubudet onun kaynağını aldığı ilke, ubudiyet ise zorunluluğunu açık kılan kayıttır. Halbuki Allah katındaki mertebesinden düşmüş ve kulluğundan gafil olmuş kişi için, ibadet bir kalkış noktası ve bidayet olacaktır. İnsan ibadet vasıtasıyla aslına geri dönecek, konumunun sırrına yaklaşacaktır. Vahiy meleğini ilk kez görmüş olmanın hayreti içindeki Hz. Peygamber Varaka b. Nevfel'e başvurduğunda, müşrikler arasında yaşamakta olan bu Hıristiyan kiminle karşılaşmış olduğunu derhal anlamıştır.

En-namusu'l-ekber: Şeriat meleği. Şeriat ibadetleri -görünürde neye yöneliyor olursa olsunlar- Allah'a yönelmenin ifade ve vasıtası olarak gerçekleştirilecek amelleri tesis etmelidir, çünkü abd artık asli konumunu hatırlamamaktadır ve ancak ibadet sayesinde kulluğunun kendisi için apaçık ve dolaysız hale geleceği makama ulaşabilir. Şeriatın doğrudan doğruya teklif ettiği farzların nafilelere üstünlüğü de işte bu sebepledir.

Mesaj olarak Kuran yitirilmiş hakikatlerin hatırlatıcısıdır. Şeriat olarak Kuran ise inkâr edilmekte olan bir konumu hatırlatır. En-namusu'l-ekber insanın görmezlikten gelmeye çalışmış olduğu bir dahili yasanın, en-namusu'l-asgarın yerine geçer ve yavaş yavaş onun tekrar kişi üzerinde hüküm-ferma olmasını sağlar. Bu acemilik ve terbiye döneminin nihayetinde, el-vücudu'l-ayni bulutunun artık perdeleyemediği "Lem yekun" güneşi altında, abd yokluğa karışarak nihai bir secdeye kapanır. İbn Arabî'nin Endülüslü İbnü'l-Arif'e atfederek sık sık andığı bir ifadeyle, "O zaman hiç var olmamış olan kaybolur ve daima var olmuş olan kalır". Nasıl ki gül Allah'ta açmakta, ama ne gül olduğunu ne de kimin için açtığını bilmektedir, kul artık ne kul olduğunu ne de bir Rabbi olduğunu bilecektir. Ubudiyet kemal ve nihayetine erdiği zaman ubudet içinde yok olur ve ubudet ise hiçbir ikilik eseri kalkmaksızın Allah'ta oluştur. Halbuki Rabb sadece üzerinde rububet ettiği bir kulla münasebet içinde Rabb olabilir ve merbub yoksa Rabb de olmayacaktır. İşte bu sebeple Sehl Tusteri şöyle demişti: "Rububetin bir sırrı vardır, şayet bu sır zahir olursa rububet batıl olur." İbn Arabî bu sözü izah ederken, "Bu sır sensin!" diyecek, hemen ardından da Tusterî'nin Arapçada ancak gerçekleşmesi imkânsız şartları ifade ederken kullanılan "lev" edatını kullandığına dikkat çekecektir. Rububetteki sır bu dünyada zuhur edemez: Fena beşeri cismi ortadan kaldırmamakta, dolayısıyla teklife muhatap olmuş azalar mükellef kalmaya devam etmektedir. Hariçten bakıldığında avamın üzerinde olduğu gibi duracaktır. Ama bu dünyada batın olan âhirette zahir hale gelir ve işte tam da bu yüzden, âhiret teklif yurdu değildir.

Başlangıçta bütün ibadetler "lem yekun" hitab-ı ilahîsini için mücahede hükmündedir. *Mevakiu'n-Nücum*'da bu ibadetlerin en basit olanlarında (hasta ziyareti, hutbeyi dikkatle dinlemek, ilh.) bile nasıl ledünni ilim meyveleri bulunduğu açıklanmıştır. Ama hiç şüphesiz, namaz bütün diğer ibadetlerden daha merkezi bir yer işgal eder. Namaz vasıtasıyla kul en yüksek müşahedeye, yani ezeli ubudetin müşahedesine giden en kısa yola hidayet edilmekte, bu ikram her gün belirli vakitlerde tekrar tekrar sunulmaktadır. Öyle ki nihayet bu müşahedeye ulaşacak kulun na-mevcut gözlerinde Allah'ı gören yine Allah olacaktır. Namazda Allah kuldan önce gelir. Musalli kelimesinin ilk manası, "Hz. Peygamber'in lisanı için Nuh'un gemisi" olmak arzusuyla hazırlanmış *Lisanu'l-Arab*'da açıklandığı üzere yarışta birinci atı izleyen atı ifade eder. İbn Arabî de bu manayı esas alacak ve lafızdan hamili olduğu en derin manayı çıkarmak adına bizzat lafzın kendisinden başka bir şeye müracaat etmeyecektir. "Allah bize salât etmektedir." (Azhab suresinin 43. ayetine telmih: "Size salât eden O'dur"). O halde diye devam eder İbn Arabî, "Namaz (salât) hem bizden hem O'ndan gelmektedir." Ardından da Allah'ın namazı kuluyla kendi arasında ikiye taksim ettiğini bildiren hadise atıf yapar. Fakat "bize salât eden" -yani O'na yönelerek namaz kılmamızdan önce üzerimize rahmetini yayan ve dolayısıyla Evvel olan- Allah aynı zamanda bir diğer vecheden, arkadan gelen El-Musalli'dir ve Ahir'dir. Kamil namazda Allah Evvel'dir, ya da daha doğrusu sadece O vardır. "İnsanı kendi sıfatlarıyla sıfatlandırmış olan (...) ve fakat hiçbir benzerlik kabul etmeyen, böylece bizzat ispat ettiğini mahv eden ve akli delillerle vahyedilmiş burhanlar arasında hayrete düşüren, sonra da insanın O'nun için salâtından önce, ama öncelik olmaksızın ona salât eden Allah'a hamd olsun." Kamil namaz, kulun aradan çekilip Allah'ı Allah'a salât etmeye bıraktığı namazdır. Fatiha suresinin salâtı Allah'la kul arasında ikiye "taksim" eden ayetinin İbn Arabî'ye göre taşımakta olduğu mana da budur. "Ancak sana ibadet eder ve ancak senden yardım isteriz." Çok genel bir anlamda anlaşılması mümkün olan ve mutat tefsirde de bu en genel anlamıyla anlaşılan ilahi yardım, İbn Arabî'nin nazarında, yokluğu halinde ibadetin tamamen imkânsız olacağı yardımıdır.

Maun suresinin 5. ayetini (Namazlarından gafil olanlar) ele alan Şeyh-i Ekber, Allah'ın "Namazdan gafil olanlar" buyurmamış olduğuna dikkat çeker. Bu zevat namazı layıkıyla ikame etmektedir, ama bunun onların namazı olduğunu unutmuş haldedirler. Artık ibadetlerini kendilerine atfetmekten geçmiştirler. "Perde kalktığında, (...) görürsün ki Allah'a ibadet eden ancak amellerin yaratıcısı, yani Allah'ın kendisidir." Kamil namaz, kulun mevcut olmadığı ve her şeyin Allah'a bırakıldığı namazdır.

İbadetin hem ilke ve kaynağını hem de gaye ve nihayet olan ubudetin ne olduğunu unutan kimse, kulun bu yokluğunu anlaşılmaz ya da imkânsız zannedebilir. Ayrıca başka çeşitli sözlerle bakarak sürekli çelişkiye düşüldüğünü de düşünebilir. Mearic suresinde (kelime miracın çoğuludur) "Namazda daim olanlar" övülmektedir ve İbn Arabî bu kesintisiz namazı kesintisiz bir hazır-oluşla özdeşleştirecektir. Ve bu Allah'ın huzurunda oluş, Allah'ta hazır oluştan başka bir şey değildir: Ne kendilerini ne de başka bir şeyi bilen, sadece Allah tarafından bilinen, kör, sağır ve dilsiz "ezeli ilk örnek"lerin hazır oluşu.

Vahiy bu dünyaya "indiğinde" ses ve harflere bürünmüştür. Bu ses ve harfleri insan kelamlarıyla paylaşmaktadır gerçi, ama yine de ezeli ve aşkın Kelam olarak kalır. Aynı şekilde, Allah tarafından mahlûkata geri gönderilen "velî" de hemcinsleriyle aynı vasıfları paylaşacaktır: "Yer, içer, evlenir, ona söyleneni dinler ve cevap verir". Ama Lem yekun güneşi altında, kul artık sadece bir isimden ibarettir. Bir zamanlar bi-ismin müsemması olan ve şeriat tarafından ayetten ayete, menzilden menzile irşat edilerek nihayete ulaştırılan kul, bir daha dönmemek üzere son eşiği de aşmıştır.

"Arınan ve Rabbinin adını anıp, namaz kılan kimse mutlaka kurtuluşa erer."

(Alak Suresi, 14-15)

Müminin Miracı: Namaz

Namazın Allah'a yükseliş olması, Hz. Mevlana'nın Mesnevi-i Şerif'indeki "ney"le de ilgilidir. Ney, asli yurdundan koparılmıştır. İnsan'ı temsil eden bir mecaz olarak ney'in sazlıktan koparılışı, insanın asli vatanından dünyaya inişini sembolize eder. İnsan da ney gibi, asıl ülkesinden ayrılmış ve bir "iniş" yaşamıştır. Namazla, günde beş kez, tekrar asli yerine dönmekte, kendisini var eden Allah ile buluşmakta, O'nun yüksek huzuruna girmektedir.

Mirac, insanın kendi göğüne yaptığı bir yolculuktur. Kendi gerçeğine ve sırrına...

Bu yönleriyle namazın mirac oluşu daha bir anlam kazanmaktadır.

Fethullah Gülen Hocaefendi, bir yazısında, bunu şöyle dile getirir:

"Namaz müminin miracı, mirac yolunda ışığı-burağı... yollardaki inanmış gönüllerin sefinesi-peyki-uçağı... kurbet ve vuslat yolcusunun ötelere en yakın karargâhı, en son otağı, gaye ile hemhudut en büyük vesilelerden biridir.

Kıyamet gününde, ak alınlı, aydın bakışlı; secde ve abdest uzuvlarındaki emarelerle öndekilerden de önde; elleri, yüzleri tertemiz, vicdanları göktekilerin iç âlemleri kadar nezih olmanın yolu da yine namaz ve namaz öncesi amellerden geçer. Aynı zamanda, Allah'a yakınlığın ayrı bir ünvanı da sayılan ve çok farklı derinlikleri bulunan bu namaz ibadetine; kulluk düşüncesine kilitlenip ömrünü Hakk karşısında geçirme manasında "ribati" de diyebiliriz.

Abdest -ileride müstakillen ele alınıp işleme düşüncesi mahfuz- namaz yolunda ilk tembih ve en birinci hazırlık; ezan ise -o da müstakillen anlatılmalı- ikinci uyarı ve önemli bir metafizik gerilimi yoludur. Abdestle, bedeni nâpâk şeylerden ve sezildik-sezilmedik menfîliklerden arınan insan, ezanla vicdan ve tasavvurlarını dinler... ilk kılacağı namazla da özündeki sesi-soluğu bulmaya çalışır... ve ancak cemaatle gerçekleştirilebilecek büyük hareketin startını beklemeye koyulur.

İnsanı, arşiyeler gibi döndüre döndüre sonsuzluğun semalarında dolaştıran ve götürüp tâ melekler âlemine ulaştıran mirac enginlikli bu mübarek ibadet, günde beş defa kendimizi içine salıp yıkanacağımız bir çay gibidir ki, her dalışımızda bizi hatalarımızdan bir kere daha arındırır; alır ummâna taşır ve sürekli başlangıçla son arasında dolaştırır ki, bu da buudlarımız dışında bir uhrevîleşme ve ebedîleşme temrinâtı demektir.

Namazla, gece-gündüz sırlı bir taksime tâbi tutulur. Hayat, ibadet eksenli bir zaman anlayışına göre tanzim edilir... ve bu sayede davranışlarımızın, Hakk murâkabesi altında hüsn-i cereyanı sağlanır... derken, ibadet dışı hareketlerimiz de, ibadet halini alır... ibadet rengine bürünür... ve yeryüzündeki fâni hayatımız göklerdekilerin rengiyle tüllenmeye başlar.

Dünyevî gürültüler veya umûmî sükût içinden ezanın taşacağı an; saatlerin ibreleri, güneşin yer değiştirmesi, cami çevresindeki sesin-soluğun çoğalması, her yanda ebediyet heyecanının yaşanması, müezzinlerin ses kontrolü ve hoparlörlerin hırıltılı-gürültülü sesleriyle belli olunca, sînelerde sessiz sessiz konuşmalar, henüz uykudan yeni kalkmış insanların dağınıklığı içinde sayıklamalar, dünya-ukbâ arası bir berzah yaşanıyor gibi buudlarımızı aşan sözler duyulmaya başlar... Ayrıca, düşüncelerin yeni bir mecra arayış manevraları ve henüz namaza girilmediği halde, namaz yolu mülâhazasıyla daha bir sürü his ortaya çıkar... Dünya kadar şey mırıldanılır ve biraz sonra gerçekleştirilmesi plânlanan ibadet adına metafizik gerilim ve yoğunlaşma aranır... ve bütün rûhî melekelerle kıvama erilmeye çalışılır.

Mescide doğru yürüyüş, yol mülâhazası, abdestle gerçekleştirilen ilk gerilim ve akordasyon hep birer kıvama erme cehdi sayılabilirler. Ezan, âdeta harem dairesine alınma daveti, ruhumuzun derinliklerinde bizi konsantrasyona hazırlayan ledünnî bir ses ve duygularımız üzerine inip-kalkan bir mızrap gibidir. Her gün tekerrür ettiğinden kulaklarımız ona alışmış olsa da, düz mantığımız ona karşı bir kanıksama hissetse de, ezan, her zaman ötelerle aramızdaki tepelerin arkasından tıpkı bir ay gibi birdenbire zuhur eder... Yıldırımlar gibi gürler ve bir anda arzî olan nazarlarımızı semâya çevirir... ve derken her yanda şadırvanlar gibi ince ince çağlayan, şelâleler gibi ihtişamla coşan yepyeni ilahî bir fasıl başlar... ve başlarbaşlamaz da ruhlarımıza dünyanın en enfes, en çarpıcı ve en diriltici mûsıkîsini boşaltır. Onunla da kalmaz, bizi çağrışımların atlas iklimine çeker ve gönüllerimize aydınlık çağların büyülerini fısıldar. Zaman üstülüğe açık hayallerimizi, tarihin değişik dönemeçlerinde kaybettiğimiz şeyleri bulup, getirip iade etmekle coşturur... ve her defasında bize taptaze bir demet ses, bir demet şiir, bir demet âhenk bahşeder. Biz, ezanı her zaman, bir mûsıkî banyosu alıyormuşçasına bütün benliğimizle duyar ve her duyuşumuzda, bilemediğimiz bir büyü ile bir başka tat, bir başka letâfet, bir başka hazza uyanırız. Bu duyuş ve bu seziş çok defa bizde, bir sihirli helezonla göklere doğru yükseliyor veya bir balonla çok yukarıda dolaşıyormuş gibi bir his uyarır. Hele bir de ezan, usûlüne uygun ve vicdanın sesi, soluğu olarak icra ediliyorsa... Göklerin nura gark olduğu, ruh-i revân-ı Muhammedî'nin şehbal açtığı ve lisan-ı Ahmedî'nin arz u semâyı çınlattığı ezan dakikaları ne nurlu ve hislidir! İnsan o dakikalarda ruhunun derinliklerine inip vicdanını dinleyebilse, ne keşfedilmedik manaların içine aktığını ve kendi derinliklerinde ne çağrışımların kaynaştığını duyacaktır!

Her zaman kendini yenileyip kalbî ve rûhî hayatı itibâriyle taze kalabilen canlı vicdanlar, her ezan vaktinde, onun ilk gökten indiği dönemin halâvet ve tarâvetini duyar ve minarelerden yükselen sesin içinde peygamberlerin çağrılarını dinlerler... Gönlünde meleklerin tekbir, tehlil, şehadet korosuna erer ve âdeta Cibrîl'in dirilten nefeslerini, İsrâfil'in hayat veren soluklarını duyar gibi olurlar.

Ezanla, namaz dışı gerilim ve doyum tamamlanınca, henüz farzla gerçek kurbet enginliklerine açılmadan evvel, ılgıt ılgıt ilahî rahmet esintilerinin ruhları kuşatma faslı sayılan ilk nafile namaz ve kametle, o dakikaya kadar adım adım derinleştirilen konsantrasyon bir kere daha kontrol edilir; nihâî huzura ait teveccüh ve temkin bir kere daha gözden geçirilir ve miraca yürünüyor gibi namaza yürünür. O ana kadar gönlümüze çarpan, insanî yanlarımızı alarma geçiren ve bizi ebedî mihrabımıza yönlendiren ses, söz ve davranışlar, vicdan tellerinde gönlümüze ait hakiki nağmeleri bulabilmek için bir akort ameliyesi gibidir. İbadette asıl ses ise, o biricik mihrap karşısında, duygu, düşünce birliğine ulaşmış ve bir imam arkasında elpençe divan durmuş; eğilip saygı ve hürmetini ifade eden, kalkıp Hakk karşısında temennâ duran; yerlere kapanıp baş ve ayaklarını aynı noktada birleştirerek Allah'a yürüyen cemaatin müşterek davranışlarıyla başlar. Bizler cemaat şuurunu vicdanlarımızda duyduğumuz ölçüde, peygamberlerle yaşanmış aydınlık çağların bütün güzellik ve cümbüşünü duyuyor ve hissediyor gibi oluruz.

Evet, namazın göklerdeki âhengiyle bütünleşmiş olanlar için imamın arkasındaki her hareket, her söz, insanoğlu için yitik cennet adına bir hasret ve bir dâussıla sesi verir, bir ümit ve bir vuslat duygusuyla tüllenir. Kendini, namazın mirac buudlu havasına salan hemen herkes için o, cennet dönemlerimizin ve ötedeki cennetlerin nazlı, hülyalı günlerinin fecir tepelerine benzer. Bizler, his dünyamızın vüsati ölçüsünde, her namaza duruşumuzda, cennet güzelliklerinden tâ bizim altın çağlarımıza uzanan bütün bir ışık kuşağının safvetini, sükûtunu yudumlar ve neşeyle geriniriz. Bu sayede, dünyanın binbir dağdağasıyla dağınıklığa uğramış zihinlerimiz toparlanır, ruhlarımız cismâniyetin kasvetli atmosferinden sıyrılır ve gönül dünyamız bir kere daha vuslat mülâhazasıyla köpürür. Her namaz vakti ve her farz edasında olmasa bile, ruh ve gönül erleri hiç olmazsa her gün birkaç kez, ezel ve ebed arası gelir-gider... Sık sık geçmişi, geleceği birden düşünce menşurundan geçirir... ve geçmiş gibi görünen zamanın altın dilimlerini, geleceğin ümitle tüllenen yemyeşil zümrüt tepeleriyle bir arada temâşâ eder... ve başkalarının yaşadıkları hayatla bizim ömürlerimizi aynı anda duyar ve yaşar, kevser yudumluyor gibi içimizde binbir lezzet ve mutluluğun hatıralarını buluruz. Tıpkı rüyalarda olduğu gibi mesafeleri aşar... Zaman üstü âlemlerde dolaşır... Fevkalâdelik-lerin bütün zevklerini duyar... Duygudan duyguya, fikirden fikre geçer... Her anı, ayrı bir marifet, ayrı bir muhabbet ve ayrı bir zevk tûfânı içinde geçiririz. (Bu mülâhazalar irfan ufku bu noktaya ulaşanlar içindir).

Hele bir de ruh ve gönül namazlaşınca, artık bu nurânî keyfiyet evirir-çevirir, her zamanki amelimizin yerine kendi âhengini, kendi şiirini ve kendi semâvîliğini getirir ikâme eder.

Günde birkaç defa, düşünce ve hülyalarımızı besleyen namaza ait sırlı ve sihirli hareketler, her zaman bizi mâverâîliğe taşıyabilecek bir yol ve bir menfez bulur ve gönüllerimize:

"Mekânım lâ-mekân oldu
Bu cismim cümle cân oldu
Nazar-ı Hakk ayân oldu
Özüm mest-i likâ gördümi."
(Nesîmî)

dedirtir... ve böylece ibadet, gönüllerde gizlenen, gizlenip kenzen bilinen o ezelî güzellik ve bütün vâridâtların kaynağını, buudlara sığmayan derinlikleriyle bir kere daha fâş eder. Bu itibarladır ki, namazın içinde açıktan açığa bilinen ve net olarak görünen hususlardan daha çok, azamet ve heybet buğulu, kemiyet ve keyfiyetleri aşan bir his tûfânı ve bir duygu anaforu yaşanır. Namazda, hep söylenemez şeyler beyan ufkumuzu sarar... İfadesi imkânsız hisler ruhumuza garip bir mûsıkî fısıldar... Gündelik lisana sığmayan engin duyuşlar, düşünüşler benliğimizi işgal eder... ve maddi aklın, mücerret mantığın sınırlarını aşan gaybûbet renkli bir fetânet, peygamber çizgisindeki meâdî bir düşüncenin kapılarını aralar. Bu açıdan da diyebiliriz ki, kulun namazdan daha büyük bir ibadeti ve namaz içinde köpüren tasavvur ve tahayyüllerden daha sıhhatli ve engin bir hali yoktur.

İnsan ruhunun, duyuş ve sezişleriyle şuhud ve vücudu aşıp gayb noktasına ulaştığı namaz ufku, onu duyan ruhların bütün hasretlerini, hicranlarını ve dâussılalarını söyler. Aynı zamanda kalbin itminânını, insanî duyguların revh u reyhânını, varlığın ezelî serencâmesini, yıldızların yeryüzünü temâşâsını, göklerin sırlarını, ukbânın ışıklarını, cennetin yamaçlarını, yamaçlarda salınan ağaçlarını, ağaçların altında her zaman çağlayan ırmaklarını söyler... Rükûnleriyle söyler, içindeki Kuran'la söyler, duâlarla söyler; söyler ve söylediklerini yepyeni bir edâ ve üslupla ruhlarımıza kevserler içiriyor gibi tekrarlar...

Kıyamdan sonra, kulluğa kilitli bu sadık bendeler, saf ruhlarının heyecanlarını, müstakim düşüncelerinin ra'şelerini bir kere de rükû kürsüsünden haykırmak isterler. Azamet ve ceberûtun, rahmet ve lütfun halîtasından hâsıl olan bir duyguyla ve heybete bürünmüş bir edâ içinde âdeta bir âsâ gibi bükülürler... Bükülür ve iliklerine kadar işleyen bir kulluk şuuruyla hep ilahî azameti mırıldanır ve bir kısım gök sakinlerinin Allah'a yöneliş üslupları sayılan rükû ile "Hazîratü'l-Kudsiün" kapılarını zorlar ve o kapıların aralanması ölçüsünde kendi rûhî âlemlerinin derinliklerine kavuşurlar. Hacda ve başka yolculuklarda, tepelere tırmanılması, tepelerin aşılıp düzlüklere varılması tekbir, tehlil fasıllarıyla seslendirildiği gibi, namaz ünvanı altında ruhun mirac yolculuğu da, bir bölümden diğer bölüme geçişte hep aynı mübarek duygu ve düşüncelerle ve hep aynı mübarek kelimelerle ifade edilir. Hemen her rükünde, Allah'a karşı saygılı olmayı en iyi şekilde dile getirmek üzere söylenilen tekbirlerle, tahmidlerle ve bu kelimelerin çağrıştırdığı mülâhazalarla yüce divânın kapı tokmaklarına dokunulur; sonra da, bir eşref saati en mükemmel şekilde değerlendirme dikkat, teyakkuz ve temkiniyle beklemeye geçilir; geçilir ve avını bekleyen bir kedi hassasiyeti, bir örümcek sabrıyla ilahî vâridât ve tecelliler avlanmaya çalışılır.

Namazda rükû, kıyamdan bir adım daha ileride üzerimize nefehâtını salar, ruhlarımıza hayattan daha güzel, cismânî zevklerden daha enfes ve bu sınırlı dünyada gerçekleştirilmesi imkânsız bir rüyadan, hem de tasavvur edemeyeceğimiz ölçüde bir rüyadan neler neler fısıldar. Gönüllerimize, istediğimiz, beklediğimiz nesnelerin ötesinde zümrütten günler, saatler ve dakikalar vadeder. Zaten, hepimiz biraz da ümitlerimizin, mefkûrelerimizin, hülyalarımızın, beklentilerimizin çocukları değil miyiz? Hemen hepimiz, bugünkü tersliklerle hırpalanıp da gerçeğe uyanınca, içinde bulunduğumuz zamanı aşar ve ileride elde edeceğimiz hayat ve saadetin ümidiyle "gelecek zaman" der ve tebessümlerle cennetin yamaçlarını süzeriz.

Rükû, Hakk karşısında iki büklüm olma mânâsındaki buuduyla, bütün kaddi bükülmüşlerden bir ses alır; yer yer "Rabbim bana zarar dokundu", zaman zaman da "Dağınıklık ve tasamı sadece sana açıyorum" der ve bize hayat ırmağından bir çağlayış, Yusuf ilinden de bir gömlek kokusu duyurur... Duyurur, hep hakikatlerin ötesinden gelecek hârikulâdeliklerin zuhur edeceği neşesiyle bizleri coşturur. Hem öyle bir coşturur ki, benliğimizden fışkıran bir hamd ü senâ tûfânıyla belimizi doğrultur ve O'na, bir ara fasıl minneti daha sunarız. Bu kısacık ayakta duruş, ilkinden farklı ve ayrı bir Hakk'a yürüme limanıdır. Bu nurlu limanda kıyamı, kıraati, rükû tesbihlerini, bir kere daha gönlümüzün derinliklerinden geçirir; hislerimizin sınırsızlığını, hayallerimizin sonsuzluğunu, bu kısacık tevakkuf içine sıkıştırarak duymaya çalışır ve bütün his gücümüzü vâridât avlamak üzere seferber eder ve yakaladığımız "kenz-i mahfî" tayflarıyla kendimizi daha engin ve kurbet renkli bir yeni duyuş çağlayanına salıveririz. Namazı rükûda duyup kıyamda dinleyenlerin nasıl bir haz ve lezzete erdiklerini, nasıl bir haşyet ve saygıyla kıvrandıklarını, nasıl bir ümitle gerilip nasıl bir korkuyla ürperdiklerini kestirmek zordur. Bu duyuş, bu dinleyiş, vuslata atılan adımların en ciddilerinden ilki, secde de bunun ikincisidir.

Secde, namazın içindeki mevhibe ve vâridâtın şükür zemini, erimiş gönüllerin kulluk kalıbına tam olarak döküldükleri mehâbet potası, dualarla Hakk'ın kabulü, ortasında iki nokta arasındaki doğru çizgi ve bulunup bilinecek, bilinip sevilecek Zat'a karşı duyguların, düşüncelerin visâl koyu ve buluşma arsasıdır. Bizler, gerçek konumu içinde secdeyi duyup dinledikçe, imandan, İslâm'dan, ihsandan süzülmüş bir usârenin, namazlarımızın kıyam, rükû ve kavmesinden geçerek gönüllerimizin zümrüt tepelerine aktığını hissederiz.

Secdede baş ve ayaklarımızı aynı noktada birleştirerek yusyuvarlak hale gelir; bir yay gibi gerilir; bir ses, bir soluk olur inler ve ümitlerimizin ameller önündeki her şeye yeten enginliğini, rahmetin her şeye sebkat eden öndeliğini imanımızla birleştirir, bütünleştirir; bir ucu dünyada bir ucu ukbâda âdeta bir gökkuşağına benzeyen bu alâim-i semâ altından geçmek sûretiyle tâliimizi değiştirmeye çalışırız.

İnsan, secdedeki duyuş ve sezişlerin kendisini yükseltmiş bulunduğu bahtının zirvesinden bakıp gerçeği temâşâ ettiği bu noktada, kalbinin dilini kullanarak, hislerinin bütün kelimelerini ortaya dökerek, dünyayı biraz âhirete doğru yönlendirip, öteleri de biraz ruh dünyasının içine aksettirerek kulluğunun destanını okuyor gibi bir mazhariyeti duyabilir, yaşayabilir.

Evet onun, kulluk şuuruyla coşan duâları, Allah'ın rahmet ve lütuf çağlayanlarıyla karşılaşıp birbirinin içine akıp da dua ve icabet buluşunca, duygularımız cennet hayatı gibi güzel, vuslat gibi engin çağlamaya başlar. Anlayanlar için bu güzelliklerin tadı o kadar keskin, şivesi o kadar büyüleyicidir ki, onu bir kere duyup yaşayanlar bu nimetlere ve nimet sahibine nasıl şükredeceklerini bilemezler.

Başı yerde ve ışıktan bir helezonla en ulaşılmaz zirvelere tırmanıp ve semâvî seyahatle Hakk'a yakınlığı derinleştiren bir kurbet eri, "Hazîratü'l-Kudsi"e ermiş olma his, şuur ve mahmurluğuyla vuslatını bir başka buudla daha da renklendirmek üzere Hakk'a tazim ve tekrimini arzederek saygıyla başını kaldırır ve huzurda bulunmanın bütün âdâbıyla "et-tahiyyat..." diyerek vecde gelir ve artık bir yeryüzü varlığı değilmişçesine tabiatüstü bir hal, bir mânâ ve bir büyüye bürünür.

Öyle ki, bu engin hazlarla coşan namaz kahramanı, doyma bilmeyen bir hisle, kemiyet ve keyfiyet sınırlarının üstünde, niyetle derinleştirip sonsuzlaştırdığı; yakîniyle Hakk'la irtibatlandırıp hulûsuyla ebedîleştirdiği, mal, can ve bütün ilahî mevhibeler adına Hakk'a karşı minnet borcunu edâya yönelir; gönlünün bütün duyarlılığıyla Allah'ı anar ve inler... Nebî'yi yâdeder, içi inşirahla dolar... Kendisiyle aynı mutluluğu paylaşan insanları düşünür, hayır duâlarıyla gürler... ve tekbirlerle başlattığı bu mirac yolculuğunu, dinin temeli sayılan şehâdetlerle noktalar...

Namaza alışmış ve onunla beslenen insanlar, ona hiçbir zaman doymazlar. Doymak şöyle dursun, her namaz bitiminde "Daha yok mu? der, nafileden nafileye koşar; duhâ ile güneş gibi yükselir, evvâbinle gidip kurbet tokmağına dokunur, teheccüdle berzah karanlıklarına ışıklar gönderir ve ömrünü âdeta ibadet atkıları üzerinde bir dantela gibi örmeye çalışır ve katiyen içinde yaşadığı nurlardan, ruhunu saran mânâlardan ayrılmak istemez... İstemez ve hep ibadetin vaadettiği güzelliklere koşar."

> "Ey Muhammed! De ki: Şüphesiz benim namazım da, diğer ibadetlerim de, yaşamam da, ölümüm de âlemlerin Rabbi Allah içindir. O'nun hiçbir ortağı yoktur. İşte ben bununla emrolundum. Ben Müslümanların ilkiyim."
>
> (Enam Suresi, 162-163)

Müminin Mümine Duası Nasıl Olmalıdır?

Kabul edilir sebepler dairesinde olmalı. Çünkü bazı şartlar dahilinde dua makbul olur. Kabul şartlarının toplanması nispetinde makbuliyet artar. Bunun gibi, dua edileceği zaman, istiğfar ile mânen temizlenmeli; sonra, makbul bir dua olan Peygamberimize getirilen salât ve selâmlar şefaatçi gibi zikretmeli ve sonunda yine salâvat getirmeli. Çünkü iki makbul duanın ortasında bir dua makbul olur.

Hem gıyaben ona dua etmek,

Hem hadiste ve Kuran'da gelen tesirli dualarla dua etmek; meselâ,

"Allahım, senden kendim ve onun için dünyada ve âhirette af ve afiyet istiyorum."

"Ey Rabbimiz, bize dünyada da güzellik ver, âhirette de güzellik ver. Ve bizi Cehennem ateşinin azabından koru."

gibi câmi dualarla dua etmek...

Hem saflık ve edepli bir hal içinde ve kalbi huzurla dua etmek,

Hem namazın sonunda, özellikle sabah namazından sonra,

Hem mübarek yerlerde, özellikle mescitlerde,

Hem Cuma'da, özellikle duanın kabul edildiği Cuma gününde bir vakit,

Hem üç aylarda, özellikle meşhur gecelerde,

Hem Ramazan'da, özellikle Kadir Gecesi'nde dua etmek, kabul olması ilahî rahmetten güçlü bir şekilde umulur.

O makbul duanın ya aynen dünyada eseri görünür veya dua olunanın âhiretine ve ebedî hayatı yönünde makbul olur. Demek, aynı amaç yerine gelmezse, dua kabul olmadı denilmez, belki daha iyi bir şekilde kabul edilmiş denilir.

"Müminler gerçekten kurtuluşa ermişlerdir. Onlar ki, namazlarında tevazu ve korku sahibidirler. Onlar ki, namazlarını kılmağa devam ederler. İşte bunlar varis olanların tâkendileridir. Onlar Firdevs cennetlerine varis olurlar. Onlar orada ebedî kalacaklardır."

(Müminun Suresi, 1-2-9-11)

Kelime-i Tevhid Ve Namaz

Kelime-i tevhid de namazı gerektiriyor.

Namaz ubudiyetin esas bir rüknüdür.

Ubudiyeti emreden tekliftir.

Mükellefiyetini ifa edenin, mükellefiyet müddetince, askerlikteki gibi yemeği, giysisi ve diğer ihtiyaçları Rahman'ın haziresinden verilir.

Askerlik görevi iki buçuk senedir.

Fakat kulluk, ömür boyu devam eder.

"Bana dünyanızdan üç şey sevdirildi: Kadın ve güzel koku... Namaz ise gözümün nuru kılındı."

Hz. Muhammed (sav)

Allah'ın Bizim İbadetimize İhtiyacı mı Var?

Çok tembellerden ve namaz kılmayı terk edenlerden işitiyoruz.

Diyorlar ki: "Cenab-ı Hakk'ın bizim ibadetimize ne ihtiyacı var ki, Kuran'da çok şiddet ve ısrarla, ibadeti terk edeni zorlayıp cehennem gibi dehşetli bir cezayla tehdit ediyor?" Evet, Cenab-ı Hak senin ibadetine, hiçbir şeye muhtaç değil. Fakat sen ibadete muhtaçsın; mânen hastasın. İbadet ise, mânevî yaralarına ilaç hükmünde olduğunu çok risalelerde ispat etmişiz. Acaba bir hasta, o hastalık hakkında, şefkatli bir doktorun ona faydalı ilaçları içirmek konusunda ettiği ısrara karşılık, doktora dese: "Senin ne ihtiyacın var, bana böyle ısrar ediyorsun?" Ne kadar anlamsız olduğunu anlarsın. Ama Kuran'ın, ibadetin terki hakkında şiddetli göz dağı vermesi ve dehşetli cezaları ise: Nasıl ki bir padişah, halkının hukukunu muhafaza etmek için, âdi bir adamın, halkının hukukuna zarar veren bir hatasına göre, şiddetli cezaya çarpar. İbadeti ve namazı terk eden adam, Allah'ın halkı hükmünde olan varlığın hukukuna tecavüz ve mânevî bir zulüm eder. Çünkü varlığın kemalleri, Allah'a yönelik yüzlerinde tesbih ve ibadetle görünürler. İbadeti terk eden, varlığın ibadetini görmez ve göremez. Belki de inkâr eder. O zaman, ibadet ve tesbih noktasında yüksek makamda bulunan ve Allah'a ait her biri birer mektup gibi anlamlar ifade eden varlıkları ve Allah'ın isimlerinin aynası olan varlığı yüksek makamlarından indirdiğinden ve ehemmiyetsiz, görevsiz, cansız bir halde anladığından, varlığa hakaret eder, inkâr ve tecavüz eder. Evet, herkes kâinatı kendi aynasıyla görür. Cenab-ı Hak, insanı kâinat için bir ölçü aleti, bir terazi şeklinde yaratmıştır. Her insan için, bu âlemden özel bir âlem vermiş; o âlemin rengini, o insanın kalbi inancına göre gösteriyor. Örneğin, ümitsiz ve kederle ağlayan bir insan, varlığı ağlar ve ümitsiz bir şekilde görür. Sevinçli ve neşeli, müjdeli ve sevincinden gülen bir adam, kâinatı neşeli, güler gördüğü gibi; düşünerek ve ciddi bir şekilde ibadet ve tesbih eden adam, varlığın gerçekten var olan ibadet ve tesbihatlarını bir derece keşfeder ve görür. Gafletle veya inkârla ibadeti terk eden adam, varlığı, mükemmelliğin gerçeğine tamamıyla zıt ve muhalif ve hatalı bir şekilde kuruntu eder ve mânen onların hukukuna tecavüz eder. Hem o namaz kılmayı terk edenler, kendi kendine sahip olmadığı için, kendi sahibinin bir ibadet edeni olan kendi nefsine zulmeder. Onun sahibi, ibadet edenin hakkını onun kötülükleri emreden nefsinden almak için, dehşetli tehdit eder. Hem yaratılışın neticesi ve fıtratın amacı olan ibadeti terk ettiğinden, Allah'ın hikmeti ve Cenabı Hakk'ın dilemesine karşı bir tecavüz hükmüne geçer. Onun için cezaya çarpılır. Kısaca, ibadeti terk eden hem kendi nefsine zulmeder -nefis ise Cenab-ı Hakkın ibadet edeni ve kölesidir- hem kâinatın mükemmelliklerinin takdir edilme hakkına karşı bir tecavüz, bir zulümdür. Evet, nasıl ki küfür, varlığa bir hakarettir; namazı terk etmek dahi, kâinatın kemâlâtını bir inkârdır. Hem Allah'ın hikmetine karşı bir tecavüz olduğundan, dehşetli tehdide, şiddetli cezaya müstahaktır.

"Namazlara bilhassa orta namaza (ikindi) dikkat edin. Ve kalkın Allah'a saygı için (O'nun huzuruna) durun."

(Bakara Suresi, 238)

Hiçbir Şey Yoktur Ki, O'nu Hamd İle Tesbih Etmesin

Evet, sonsuz cömertlik ve iyilik sahibi Allah, her hayat sahibi kişiye eline ihtiyaç mürekkebiyle yazılmış bir belgeyi vermiş, onunla yaratılışa ait kanunların programını ve hizmetlerinin fihristini emanet etmiştir. Bak o sonsuz büyüklük sahibi ve her şeye hükmeden Allah'a, nasıl Kuran'ın prensiplerinden, arının görevine ait miktarını bir belgede yazmış, arının başındaki sandığa koymuştur. O sandığın anahtarı da, görevini seven arıya ait bir lezzettir. Onunla sandığı açar, programını okur, emri anlar, hareket eder, "Rabbin balarısına ilham etti." ayetinin sırrını gösterir.

İşte, eğer bu Sekizinci Notayı tamam işittin ve tam anladınsa, bir iman yoluyla ile "Rahmetim ise her şeyi kaplamıştır"ın bir sırrını, "Hiçbir şey yoktur ki, Onu hamd ile tesbih etmesin"in bir hakikatini, "Bir şeyin olmasını murad ettiği zaman onun işi sadece 'Ol' demektir; o da oluverir"in ilkesini, "Her şeyin hüküm ve tasarrufu elinde olan Zat, her türlü kusur ve noksandan münezzehtir. Siz de O'na döneceksiniz"in ince manasını anlarsın.

Bil ki, insanda peygamberlik, insandaki hayır ve kemâlâtın özeti ve temelidir. Hak dini, saadetin fihristidir. İman, kusurdan sıyrılmış ve eksiklilerden uzak güzelliktir. Madem şu âlemde parlak bir güzellik, geniş ve yüksek bir hayır, görünen bir hak, üstün bir kemal görünüyor. Açık bir şekilde, hak ve hakikat, peygamberlik içindedir ve peygamberlerin elindedir. Sapkınlık, kötülük ve zarar ona aykırıdır.

İbadetin kazandırdığı iyilik ve güzelliklerin binlerinden yalnız buna bak ki, Peygamber, kulluk yönüyle Allah'ı bir kabul edenlerin kalplerini bayram, Cuma ve cemaat namazlarında birleştiriyor ve dillerini bir kelimede topluyor. Öyle bir şekilde ki, şu insan, Allah'ın kullarına olan büyük hitabına, sınırsız kalplerden ve dillerden çıkan sesler, dualar, zikirlerle mukabele ediyor. O sesler, dualar, zikirler birbirine dayanışarak ve birbirine yardım edip bütünleşerek öyle geniş bir şekilde Allah'ın Rabb'lığına karşı bir kulluk gösteriyor ki, sanki dünyanın kendisi o zikri söylüyor, o duayı ediyor ve kuturlarıyla namaz kılıyor ve etrafıyla, göğün üstünde izzet ve büyüklükle inen "Namazı dosdoğru kılın" emrine, dünyayı bezemeye çalışıyor. Bu birliğin sırrı ile kâinat içinde bir zerre gibi zayıf, küçük bir yaratık olan şu insan, kulluğun büyüklüğü yönüyle yeri ve göğü yaratan Allah'ın sevdiği bir kulu ve arzın halifesi, sultanı ve hayvanların reisi ve kâinatın yaratılışının neticesi ve amacı oluyor.

"Namazı kılıp bitirdikten sonra, gerek ayakta gerek otururken ve yanlarınız üzerinde Allah'ı zikredin. Korkudan emin ve sükûnet buldunuz mu namazı dosdoğru tam kılın. Çünkü namaz müminler üzerine muayyen, vakitleri belli, yazılı bir farzdır."

(Nisa Suresi, 113)

Tesbihat ve Salâvat'ın Sırrı

Namaz tesbihatının sırrına göre, nasıl ki namazdan sonra tesbih ve zikir ve lailahe illallah diyerek Hz. Muhammed'e okunan bütün dualar ve zikir ve tesbih eden ve yeryüzü kadar geniş bir dünyanın her tarafından Peygamberimize gelen tesbih, zikir ve övgüler dairesine niyetçe girmek bir şeyi düşünerek olduğu gibi, biz de Risale-i Nur'un geniş ders dairesinde ve nur halkalarında ders alan ve çalışan binlerce masum dillerin dualarına ve salih amellerinden pay almak ve dualarına "Amin" demek hükmünde olan mekânı düşünerek, gıyaben omuz omuza, diz dize bulunmak hayaliyle ve niyetiyle ve tasarlamasıyla kendimizi sınırın üstünde bahtiyar biliyoruz.

Özellikle ömrümün sonunda böyle kıymetli manevi evlatları ve yüzer Abdurrahman'ları bulmak, benim için dünyada cennet hayatı hükmüne geçiyor. Geçen Ramazan'da hastalıktan dolayı, her bir kardeşimin benim hesabıma bir saat çalışmasının büyük bir neticesini, gözümle görmüş gibi ve yaşamış gibi bildiğimden, böyle duaları reddedilmez masumların ve mübarek ihtiyarların ve üstatlarının benim hesabıma olan duaları ve çalışmaları, benim Risale-i Nur'a hizmetimi uhrevî sona kalan bir dünyada da bana gösterdi.

"Ben görmediğim şeye inanmam."

(Hz. Ali)

Gözün Nuru Namaz

Efendimiz (sav), "Namaz gözümün nuru kılındı." buyurur. Demek ki namaz görmektir, gözdeki perdelerin aralanmasıdır. Görmekten kasıt müşahadedir. Namaz müşahadedir. Müşahade şuhud etmedir. Şuhud iç görüştür. İç görüş ancak kalple olur. Bu hikmettendir ki, "Bunda kalp sahibi olanlar için çok öğütler vardır" buyrulmuştur. "Akıl sahibi" denmemiştir, çünkü akıl bağdır. Sınırlar ve kayda bağlar. Akl'ın kök anlamı bağlamaktır. Tıpkı itikat gibi. Akd kökü de bağ anlamındadır. İlkinde sınırlama, ikincisinde ise bağlanma söz konusudur. İman bağlanmaktır. Bir hakikate intisap etme... Burada İslam'daki gibi bir teslimiyetten çok bağlanma söz konusudur. Bu sırdandır ki tabiat ve varlık mislimdir deriz, mümindir demeyiz. Çünkü varlık teslim olmuştur. O halde insan da teslim olmak zorundadır. Ya da şöyle diyelim: İnsan Allah'a teslim olmaksızın varlığıteslim alamaz. Müşahadesiz iman hem Hz. Ali'nin "Görmediğim şeye inanmam" sözünde ihbar ettiği gibi mutlak bağlanmayı hem de müşahade düzeyine gelmeksizin mümkün olmayı bildirir. Müşahadede insan görmez ona gösterilir. İnsanın görüşü keskinleşince şuhudî yakîn doğar. "Ve namaz göz aydınlığım kılındı." haberindeki göz nuru bunu ima eder. Namazda ilahî Hakikat'i görmeyen henüz ona girmemiş demektir. Görseydi namaz gözünün nuru olurdu. Namaz teslimiyettir ve müşahade mahallidir. İbn Arabî hazretleri, insanın namazdaki makamının gayret-i ilahî makamı olduğunu söyler. Bu yetkinlik düzeyinde Allah, kulun Kendisinden başkasıyla meşgul olmasını istemez. O'nun isteği emirdir. Tıpkı Kuran gibi. Kutsal kitaplar Rabbimizin bizimle konuşması değildir, sadece O'ndan gelen emirdir. O emreder ve O'nun "emr"iyle gerçekleşir varlık. Varlık gerçekte Allah'ın varlığıdır ve var olanlar da O'nun binbir esmasının donmuş halleridir. Eğer tecelli sürekli ve kesintisiz olmasaydı var olanlar donuk, kristalize ve kaskatı olurdu. Var olanlardaki hareket esmanın kesintisiz tecellisindendir. İnançlı, tanrıtanımaz, İsevi, Musevi, Budist, Mecusi, şeytanatapar, Nihilist, anarşist vs. ne olursa olsun her insan, her an Allah'ın bir isminin tedbiri altındadır. Allah Mutlak Rahman ve Rahim olduğundan haklının da haksızın da üstüne eşit olarak indirir yağmuru. Esmanın tecellisi mümin veya kafir herkeste mütecellidir. Bu, mutlak inkârın imkânsızlığını gösterir. Küfr'ün sözcük anlamı, "örtmek"tir. Gerçeğin üzerine yalancı bir örtü sermektir inkâr. İnsan imkânsız olanı dener ve inkâr eder. Tıpkı varlığın özündeki iman ve teslimiyeti tercihindeki gibi bir seçimde bulunur. Seçimiyle Allah da onun kalbini örter.

Böylece küfür çift yönlü bir biçimde gerçekleşmiş olur. İnsanın seçiminin belirleyici olup olmadığı konusu hayli tartışmalıdır. Bu belirsizlik de sınavın hikmetinden midir bilmiyorum. Bildiğimi sandığım şey, Schuon'un dediği gibi İslam'ın bir vuslat olduğudur. "İslam, Allah ile insan arasında bir vuslattır, Allah Allah olarak, insan insan olarak." Allah'ın Allah oluşu, O'nun mutlak, sınırsız ve kuşatılamaz oluşudur. Ne ki Allah'ı yer ve gökler istiva edememiş, mümin kulunun kalbi istiva etmiştir. "Yere göğe sığmadım inanan kulumun kalbine sığdım." Çünkü kalp, insanda İlahî Merkez'dir. İlahî Hakikat'in yadigârı gönüldür. Bizler yokluktan ve hiçlikten varlık sahasına çıkarken O'nun rahmetiyle yıkanmış bir halde, saf, arı, duru ve onun iştiyakıyla geliriz. Dünyaya ineriz. Dünya "deni"dir. Hem aşağı âlemlerin en aşağısıdır, hem de "alçak"tır. Zalimdir, hilekârdır, aldatıcıdır ve kirletir. Dünyaya inmek bir bakıma adım adım O'ndan uzaklaşmak, kirlenmektir. Allah'ın Seçkin Elçisi, bir gün yağmur başladığında evinden çıkar ve ıslanır. Dostları merakla yanına gelince de, "Yağmurun biatı tazedir, O'nun kokusunu duyuyorum" der. İnsanın gelişi iniştir, alçalmadır. Bu kirlenmedendir ki, O'nun huzuruna namazla çıkmak için abdest alırız. Su hayatın kaynağıdır. Böylece suyla arınarak, suya yönelerek dünya kirlerinden temizlenir ve hayatın kaynağına doğru yöneliriz. Suyun olmadığı yerde ise bedenimizin asli maddesi ile toprakla teyemmüm ederiz. Yani Rabbimizin huzuruna dönmemiz aslında kökene yönelmemizdir. Kökene yönelmeksizin O'nun manevi huzuruna çıkamayız. Demek ki bir su ve toprak gibi arı duru ve mütevazı olmak üzere yaratılmışız. Bizim yücelişimiz zilletimizdedir. Hz. Musa O'na, "Sana nasıl yakınlaşabilirim?" diye sorduğunda, Rabbimiz: "Bana ancak bende olmayan bir şeyle yakınlaşabilirsin" buyurmuştur. Musa (as): "Sana ait olmayan bir şey var mı?" dediğinde de, "Evet" demiştir, "Zillet." Zillet'in, yani Allah'ın karşısında alçalmanın en güzel yeri, secdedir. Secde Allah'ın sonsuz ve mutlak varlığında kaybolmak, küfür ise kibirlenmektir.

Küfür, hakikatin perdelenmesidir.

Âdem'e (as) selâm secdesini kabul etmeyen İblis, hakikatten perdelenmiştir.

Secde, boyun eğmek, Kibriya'yı yüceltmek, kendini, Allah'ın kibriyası önünde yok etmektir.

Hidayet O'ndandır, Hadi O'dur. Hidayet eden, insanı dosdoğru yola sevkeden sadece Allah'tır. İnsana düşen kendi kişisel algısını silmeye çalışmaktır. İnsanın Allah ile arasındaki en büyük engel kendisidir. Kendisini tümüyle ortadan kaldırmadıkça insan imanda tahkik düzeyine erişemez. Hidayet istenince gerçekleşen bir şey midir yoksa istenmedikçe de gelip insanı bulan bir şey mi bilemiyorum. Ama bulanların ancak arayanlar olduğuna da inanıyorum. Bu inançla insanın sadece düşkün ve çaresiz bir varlık olmadığını, Allah'ı idrak edebilecek bir kalbe akla ve O'na ulaşan yolu seçebilecek bir iradeye sahip olduğunu görüyorum. Hakikatte insan Mutlak Varlık'ın sırrına bağlı olarak yaratılmış ve bu sırrın coşkusuyla varoluş alanına gönderilmiştir. Aşk, insanın varoluş hakikatine duyduğu iştiyakın adıdır. Küfür belki de köktenci biçimde hileye kaçmaktır. İnsan eğer kaynağı ve tabiatı gereği Mutlak ve Aşkın Varlık'ın soluğunu taşıyorsa ruhunda, O'ndan kaçarak tıpkı intihar gibi köktenci bir hileye kurban ediyor kendini. İslam özü itibariyle gerçeklik, iyilik ve güzelliktir. Hidayet rahmettir ve rahmet ihsan ve hüsnün de kaynağıdır. Schuon: "Şehadet aklı, şeriat ise iradeyi belirler" der. Bizim doğaüstü doğamızın gerçekleşmesi ancak şehadet ve şeriatla olur. Şeriat hakikatin perdesi veya örtüsü değil, bizatihi kendisidir. Hakikat'e ulaşmak için şeriata nüfuz etmek gerekir. Şeriata nüfuzun ilk adımı şehadettir. İnsan varlığının kaynağına döner şehadetle. Hidayeti sadece ve sadece O'ndan dilemek gerekir. İnsanın ilahî hakikatle arasındaki perdelerin saydamlaşması için Kâbe'ye yönelerek namaz kılması ve ilahî merkez olan kalbine yönelerek de Allah'ı anması zorunludur. Bu yönelişle birlikte fetih ve inkişaflar gerçekleşir. Ruhun açılması ve sıkıştığı yuvanın dar çeperlerinden çıkarak mutlak ve sonsuz olan Allah'ın varlığında mutlak olarak gaybubet etmesi namazla yani urûc'la gerçekleşebilir. Allah Alim'dir ve olmuş olacak ve olması mümkün olanı bilir. O'nun bilişi kaderin inkârını mümkün kılmaz. Eğer biz sürekli O'nun rahmetinden umarak hidayet ve şefaati dilersek, her şeyin O'na bağlı olduğunu da ilan etmiş oluruz. Madem Allah vardır o halde her şey O'nunla kaim, mümkün ve vakidir. Bu durumda O'ndan başka bir şey imkânsızdır. O'na rağmen bir şey imkân dışıdır. Bu imkân dışılık alanına girme konusunda inatçı olmakla insan hakikatin üzerine siyah bir örtü sermeye başlar. Oysa gözünü kapayan sadece kendisine gece yapar. Yani küfür ve inkârla insan kendi varlığının sesini kısmakta ve bastırmaktadır. Schuon: "Her şeyde Allah'ı görmek, her yerde Allah'ı görmektir" der. Tam da burada kendisini kesintisiz biçimde kutsaldan arındıra arındıra nihayet o vuslat imkânını kaybeden modern insanın trajedisine gelebiliriz. Belki de tek trajik olan modern insanın bu halidir. Zaten modern insan "Hakikat" denince Schuon'un söylediği gibi, hemen peygamberin kişiliğinde hatta bedeninde Allah'ın cismaniyetini düşünür olmuştu, oysa müslim hakikat dendiğinde, O'ndan başka ilah yoktur gerçeğini bilgi düzeyine göre zahiri veya batını anlamıyla düşünür. Bu düşünüşle müslim aslında kendi iradesiyle Allah'ın belirlediğini seçmektedir. Yani her şey Allah'tandır. İnsan özgür iradesiyle "özgürce" seçer ama dileyen Allah'tır. İnsan fıtraten mükerrem olduğundan Hak'kı arar. Kucağında yanlışı bulunca da ona sarılır. Bu seçiminde özgür de olsa dileyen ve takdir eden kendisi değildir. Bizler nisbi varlıklarız, irademiz ve seçimimiz de nisbidir. Ancak Mutlak Varlık'ın dileğine uygun seçimler yaparız. Biz susarız ve bize rahmet yağmuru inerse kana kana içeriz. Bizler O'nun ruhundanız, O'ndan geldik ve yine O'na döneceğiz.

Günde beş kez, evimizin önünden akan bir ırmakta yıkanır gibi, O'nun huzuruna gidip, O'ndan mahlûkata dönüyor, namaza çağrı ile birlikte, tekrar O'nun huzuruna gidiyoruz.

"Ey iman edenler; Allah'a rükû edin, secde edin, Rabbinize ibadet edin, hayırlı işler yapın ki felah ve huzur bulasınız."

(Hacc Suresi,77)

İbadetin Sebebi ve Hikmeti

Güneş ve ayın tutulması zamanında küsûf ve husûf namazı kılınır ve güneşin gurubuyla akşam namazı kılınır; öğle de yağmursuzluk, kuraklık, yağmur namazının ve duasının vaktidir.

İbadet ve duanın sebebi ve neticesi, Allah'ın emir ve rızasıdır; faydası, uhrevîdir.

Eğer namazdan, ibadetten dünyevî maksatlar niyet edilse, yalnız onlar için yapılsa, o namaz batıl olur. Meselâ: Akşam namazı güneşin batmaması için ve husûf namazı ayın açılması için kılınmaz.

"Namazı vaktinde kılmayanların vay haline."

(Maun Suresi,4)

Mahkûmun Namazı

Her gün yirmi dört saat hayat sermayesini, Hâlıkımız bize ihsan ediyor; tâ ki, iki hayatımıza lazım şeyler o sermaye ile alınsın. Biz kısacık dünya hayatına yirmi üç saati sarf edip, beş vakitlik farz namaza yeten bir saati, pek çok uzun olan âhiret hayatımıza sarfetmezsek, ne kadar büyük bir hata ve o hatanın cezası olarak hem kalbî, hem ruhî sıkıntıları çekmek ve o sıkıntılar yüzünden ahlâkını bozmak ve ümitsizce hayatını geçirmek sebebiyle, değil terbiye almak, belki terbiyenin aksine gitmekle ne derece manevi bakımdan zarar ederiz, kıyas edilsin. Eğer, bir saati beş vakitlik farz namaza sarf etsek, o halde hapis ve musibet müddetinin her bir saati, bazen bir gün ibadet; ve geçici bir saati, sonsuz saatler hükmüne geçebilmesi ve kalbî ve ruhî meyusiyet ve sıkıntıların kısmen yok olması ve hapse sebebiyet veren hatalara kefâreten affettirmesi ve hapsin hikmeti olan terbiyeyi alması ne derece kârlı bir imtihan, bir ders ve musibet arkadaşlarıyla teselli edici bir hoş sohbet olduğu düşünülsün... Bin lira ikramiye kazancı için bin adam iştirak etmiş bir piyango kumarına yirmi dört lirasından beş on lirayı veren ve yirmi dörtten birisini ebedî bir mücevherat hazinesinin biletine vermeyen, halbuki dünyevî piyangoda o bin lirayı kazanmak ihtimali binden birdir; çünkü bin hissedar daha var. Ve uhrevî mukadderat piyangosunda, hayırlı bir sona mazhar müminler için kazanç ihtimali binden dokuz yüz doksan dokuz olduğuna, yüz yirmi dört bin peygamberin ona dair haberini keşifle tasdik eden velilerden had ve hesaba gelmez sâdıklar haber verdikleri halde, evvelki piyangoya koşmak, ikincisinden kaçmak ne derece maslahata aykırı düşer, mukayese edilsin. Bu meselede hapishane müdürleri ve başgardiyanları ve belki memleketin idarecileri ve asayiş muhafızları, Risale-i Nur'un bu dersinden memnun olmaları gerektir. Çünkü bin mütedeyyin ve cehennem hapsini her vakit hatırlatan adamların idare ve inzibatı, on namazsız ve itikatsız, yalnız dünyevî hapsi düşünen ve haram-helâl bilmeyen ve kısmen serseriliğe alışan adamlardan daha kolay olduğu çok tecrübelerle görülmüştür.

"Ey iman edenler; mallarınız, mülkleriniz, çoluk ve çocuklarınız Allah'ı anmaktan sizi men etmesin. Kim böyle yaparsa onlar hüsrana uğrayanların tâ kendileridir."

(Münafikun Suresi, 9)

Günah, Namaz Ve İstiğfar

Hazret-i Eyyüb Aleyhisselâm'ın yaraları, kısacık dünya hayatını tehdit ediyordu. Bizim manevi yaralarımız, pek uzun olan ebedî hayatımızı tehdit ediyor.

Hz. Eyyüb'ün münacaatına, o hazretten bin defa daha ziyade muhtacız.

Bilhassa, nasıl ki o hazretin yaralarından doğan kurtlar kalp ve diline ilişmişler. Öyle de, bizleri, günahlardan gelen yaralar ve yaralardan doğan vesveseler, şüpheler iman yeri olan kalbin içine ilişip imanı zedeliyor ve imanın tercümanı olan dilin ruhanî zevkine ilişip zikirden uzaklaştırarak susturuyorlar.

Evet, günah kalbe işleyip, siyahlandıra siyahlandıra, tâ iman nurunu çıkarıncaya kadar katılaştırıyor. Her bir günah içinde küfre gidecek bir yol var.

O günah, istiğfarla çabuk imha edilmezse, kurt değil, belki küçük bir manevi yılan olarak kalbi ısırıyor.

Meselâ, utandıracak bir günahı gizli işleyen bir adam, başkasının bilmesinden çok utandığı zaman, melâike ve ruhanilerin vücudu ona çok ağır geliyor. Küçük bir belirti ile onları inkâr etmek arzu ediyor.

Hem meselâ, cehennem azabını intaç eden, büyük bir günahı işleyen bir adam, cehennemin tehditlerini işittikçe istiğfarla ona karşı siper almazsa, bütün ruhuyla cehennemin ademini arzu ettiğinden, küçük bir emâre ve bir şüphe, cehennemin inkârına cesaret veriyor.

Hem meselâ, farz namazını kılmayan ve kulluk vazifesini yerine getirmeyen bir adamın, küçük bir âmirinden küçük bir vazifesizlik yüzünden aldığı tekdirden etkilenen o adam, Ezel ve Ebed Sultanı'nın mükerrer emirlerine karşı farzında yaptığı bir tembellik, büyük bir sıkıntı veriyor. Ve o sıkıntıdan arzu ediyor ve mânen diyor ki, keşke o kulluk görevini bulunmasaydı. Ve bu arzudan, bir manevi düşmanlığa yol açan bir inkâr arzusu uyanır. Allah'ın varlığına dair kalbe bir şüphe gelse, kesin bir delil gibi ona yapışmaya meyleder; büyük bir helâket kapısı ona açılır. O bedbaht bilmiyor ki, inkâr vasıtasıyla, gayet küçük bir sıkıntı kulluk görevinden gelmeye karşılık, inkârda milyonlarla o sıkıntıdan daha müthiş mânevî sıkıntılara kendini hedef eder. Sineğin ısırmasından kaçıp yılanın ısırmasını kabul eder.

Musibet ve hastalıklarda insanların şikâyete hakkı yoktur.

Cenab-ı Hak, insana giydirdiği vücut giysisini sanatına mazhar ediyor. İnsanı bir model yapmış; o vücut elbisesini o model üstünde keser, biçer, değiştirir, çeşitli isimlerinin cilvesini gösterir. Şafi ismi hastalığı istediği gibi, Rezzak ismi de açlığı gerektiriyor ve hakeza...

"Ey iman edenler; Allah'a rükû edin, secde edin, Rabbinize ibadet edin, hayırlı işler yapın ki felah ve huzur bulasınız."

(Hacc Suresi, 77)

Fatiha Ve Ezan'ın Sırrı

Bir vakit "Ancak sana kulluk eder, ancak senden yardım isteriz"deki nun'u düşündüm. Birden, namazdaki cemaatin fazileti ve sırrı, o nun'dan inkişaf etti.

Gördüm ki, namaz kıldığım o Bayezid Camii'ndeki cemaatle iştirakimi ve her biri benim bir nevi şefaatçim hükmüne ve okurken dile getirdiğim hükümlere ve dâvâlara birer şahit ve birer destekçi gördüm. Noksan kulluğumu, o cemaatin mensupları içinde Allah'ın dergâhına takdime cesaret geldi.

Birden, bir perde daha inkişaf etti. Yani, İstanbul'un bütün mescidleri göründü. O şehir, o Bayezid Camii hükmüne geçti. Birden, onların dualarına ve tasdiklerine mânen bir nevi mazhariyet hissettim.

Onda dahi, yeryüzü mescidinde, Kâbe-i Mükerreme etrafında dairevî saflar içinde kendimi gördüm. "Ezelden ebede her türlü hamd ve övgü, şükür ve minnet âlemlerin Rabbi olan Allah'a mahsustur" dedim, benim bu kadar şefaatçilerim var, benim namazda söylediğim her bir sözü aynen söylüyorlar, tasdik ediyorlar.

Madem hayalen bu perde açıldı, Kâbe-i Mükerreme mihrap hükmüne geçti. Ben bu fırsattan istifade ederek, o safları şahit gösterip, tahiyyatta getirdiğim "Şehadet ederim ki, Allah'tan başka hiçbir ilah yoktur. Yine şehadet ederim ki, Muhammed Allah'ın Resulüdür" sözünü yani imanın tercümanını mübarek Hacerü'l-Esved'e emanet bırakıyorum derken, birden bir vaziyet daha açıldı. Gördüm ki, katıldığım cemaat üç daireye ayrıldı.

Birinci daire: Yeryüzünde müminler ve tevhid ehli olanların büyük cemaati.

İkinci daire: Baktım, bütün varlıklar, büyük bir namaz ve tesbihatta, herkes kendine mahsus salâvat ve tesbihatla meşgul bir cemaat içindeyim. O halde "Allah en büyüktür, en yücedir" deyip hayretten başımı eğdim, nefsime baktım:

Üçüncü bir daire içinde, zahiren küçük, hakikaten ve vazifeten büyük, bir küçük âlemi gördüm ki, bedenimdeki zerrelerden tâ zahiri duyularıma kadar, taife taife kulluk vazifesiyle meşgul bir cemaat gördüm. Bu dairede, kalbim "Ancak sana kulluk eder, ancak senden yardım isteriz" o cemaat namına diyor. Nasıl, evvelki iki cemaatte de lisanım o iki büyük cemaati niyet ederek demişti...

Elhâsıl, "Kulluk ederiz"in nun'u şu üç cemaate işaret ediyor. İşte bu halde iken, birden Kuran-ı Hakîm'in tercümanı olan Resul-i Ekrem, Medine-i Münevvere denilen manevi minberinde, manevi şahsiyet ve haşmetiyle görünerek, "Ey insanlar, Rabbinize kulluk edin" hitabını, manen herkes gibi ben de işitip, o üç cemaatte herkes benim gibi "Sadece sana ibadet ederiz" ile mukabele ediyor tahayyül ettim; "Ey insanlar, Rabbinize kulluk edin" kaidesince, şöyle bir hakikat fikre göründü ki:

Madem bütün âlemlerin Rabbi, insanları muhatap alarak bütün varlıklarla konuşur ve Resul-i Ekrem (sav) o izzet hitabını, insanlığa, belki umum ruh ve şuur sahibi varlıklara tebliğ ediyor. İşte, bütün geçmiş ve gelecek, şimdiki zaman hükmüne geçti; bütün insanlık bir meclíste, safları farklı bir cemaat şeklinde, o hitap, o suretle onlara ediliyor.

O vakit, Kuran'ın her ayeti, gayet haşmetli bir makamdan, farklı muhatabından, sonsuz azamet ve celâl sahibi Ezeli Mütekellim'den ve mahbubiyet makamındaki Peygamberinden aldığı yüce bir kuvvetle, belâgat içinde, parlak, hem pek parlak bir icaz nuru içinde gördüm. O vakit, değil bütün Kuran, ya bir sure, yahut bir ayet, belki her bir kelimesi birer mucize hükmüne geçti "İman ve Kuran nurundan dolayı Allah'a hamd olsun" dedim; o gerçeğin tâkendisi olan hayalden, "kulluk ederiz"in nun'una girdiğim gibi çıktım ve anladım ki, Kuran'ın değil ayetleri, kelimeleri, belki "kulluk ederiz" gibi bazı harfleri dahi mühim hakikatlerin nurlu anahtarlarıdır.

Kalp ve hayal, o "kulluk ederiz"in nun'undan çıktıktan sonra, akıl karşılarına çıktı, dedi :

"Ben de hisse isterim. Sizin gibi uçamam. Ayaklarım delildir, hüccettir. Mabud ve Müsteân olan Yaratıcımıza giden yolu göstermek lazımdır ki, sizinle gelebileyim."

O vakit kalbe şöyle geldi ki:

O hayrette kalmış olan akla de: Bak, kâinattaki bütün varlıklara: Canlı olsun cansız olsun, itaat ve düzen içinde vazife şeklinde kullukları var. Bir kısmı, şuursuz, hissiz oldukları halde, gayet şuurlu ve kulluk edercesine vazife görüyorlar. Demek bir Mabud vardır ki, bunları ibadete sevk edip istihdam ediyor.

Hem bak, bütün varlıklara, bilhassa canlılara: Her birinin gayet çok ve gayet farklı ihtiyaçları var ve vücut ve bekasına lazım çeşitli istekleri var; en küçüğüne elleri ulaşmaz, güçleri yetişmez. Halbuki o sınırsız istekleri, ummadığı yerden, en uygun vakitte, düzenli olarak onların ellerine veriliyor.

O vakit akıl, "Âmennâ ve saddaknâ" dedi.

Sonra, o halde, "Bizi doğru yola ilet-kendilerine nimet ve ihsanda bulunduklarının yoluna" dediğim vakit, baktım ki: Geçmiş zamana göçüp giden insanlık kafilesi içinde gayet nuranî, parlak peygamberler, sıdıklar, şehitler, veliler ve salihlerin kafilelerini gördüm ki, geleceğin karanlığını dağıtıp, sonsuza giden yolda bir büyük ve doğru bir caddede gidiyorlar. Bu kelime beni o kafileye katmak için yol gösteriyor, belki katıyor. Birden, "Fesübhanallah," dedim. "Geleceğin karanlığını aydınlatan ve selâmetle giden bu nuranî büyük kafileye katılmamak ne kadar zararlı olduğunu, zerre miktar şuuru olanın bilmesi lazım. Acaba dinin dışına çıkmakla o büyük kafileden ayrılan, nereden nur bulabilir, hangi yoldan gidebilir?"

Resul-i Ekrem, rehberimiz ferman etmiş ki:

"Her bidat sapkınlıktır ve her sapkınlık cehennem ateşindedir."

Acaba bu fermana karşı, bazı bedbahtlar hangi gerekçeyi buluyorlar, hangi fetvayı veriyorlar ki, gereksiz, zararlı bir şekilde İslamî şeaire karşı geliyorlar, değiştirmeyi mümkün görüyorlar? Meselâ, nasıl ki bir hayvanın derisi veyahut bir meyvenin kabuğu soyulsa, geçici bir zarafet gösterir; fakat az bir zamanda o zarif et ve o güzel meyve, o yabani ve paslı ve kesif ve ârızî deri altında siyahlanır, çürür. Öyle de, İslamî şeairdeki ilahî ve nebevî tabirler canlı ve sevaplı bir cilt, bir deri hükmündedir. Onların soyulmasıyla, manalardaki nuraniyet, çıplak bir derece görünür. Fakat kabuğu soyulmuş bir meyve gibi, o mübarek manaların ruhları uçar, zulmetli kalp ve kafalarda beşeri postunu bırakıp gider. Nur uçar, dumanı kalır.

Meselâ, biri dese, "Ezanın hikmeti, Müslümanları namaza çağırmaktır. Şu halde bir tüfek atmak kâfidir." Halbuki, o divane bilmez ki, ezanın binler maslahatı içinde o bir maslahattır. Tüfek sesi o maslahatı verse, acaba insanlar adına yahut o şehir ahalisi namına, kâinatın yaratılışının büyük neticesi ve insanlığın yaratılış hikmeti olan tevhidin ilanı ve Allah'ın Rablığına karşı kulluğa vasıta olan ezanın yerini nasıl tutacak?

Elhâsıl, cehennem lüzumsuz değil. Çok işler var ki, bütün kuvvetiyle "Yaşasın cehennem" der. Cennet dahi ucuz değildir; mühim fiyat ister.

"Kul ile şirk veya küfür arasında namazın terki vardır."

Hz. Muhammed (sav)

Peygamberin Namazı

İşte bak: O zat öyle büyük bir namazda, yüce bir ibadette, sonsuz saadet için dua ediyor ki, güya bu Arabistan yarımadası, belki bütün yeryüzü onun azametli namazıyla namaz kılar, niyaz eder.

Çünkü kulluğu ise, ona uyan ümmetin kulluğunu ihtiva ettiği gibi, muvafakat sırrıyla bütün peygamberlerin kulluğunun sırrını içine alır.

Hem O, büyük namazı öyle büyük bir cemaatte kılıyor, niyaz ediyor ki, sanki Hazret-i Âdem'den asrımıza kadar, belki kıyamete kadar bütün nurani ve kamil insanlar ona uyarak, duasına "Âmin" derler.

"Dua rahmetin, abdest namazın, namaz cennetin anahtarıdır."

Hz. Muhammed (sav)

Peygamberimiz İmam, Yeryüzü Mescit, İnsanlık Cemaat

Peygamberimiz, bütün insanlığın imamıdır.

Mescidi, yalnız Arap Yarımadası değildir, dünyadır.

Cemaati de yalnız o zamanın insanları değildir. Belki Âdem zamanından kıyamete kadar her bir asrın halkı bir saf olup, bütün asırlar safları onun arkasında, onun duasına "âmin" diyorlar.

Bilhassa o kişi, o büyük cemaatte bütün canlıyı kaplayan ihtiyaçları için dua eder.

Ve onun duasına, yalnız o cemaat değil, belki yer ve gök ve bütün varlıklar "âmin" der.

Yani, "Yâ Rabbenâ! Onun duasını kabul eyle. Biz de o duayı ediyoruz. Biz de onun istediğini istiyoruz."

Özellikle, o büyük cemaat önünde kıldırdığı namazda, öyle bir yakarış ve alçalmayla, öyle bir iştiyakla, öyle bir hüzünle yalvarır ve dua eder ki, kâinat bile heyecanlanır, o kişinin duasına katılır. Evet, öyle bir amaç için yalvarır ki, eğer o amaç olmazsa, yalnız yaratılanlar değil, âlem bile değersiz kalır, aşağıların en aşağısına düşer.

Çünkü o kişinin talep edileniyle varlık yüksek kemale erişir.

Acaba o kişi, o talep edileni kimden istiyor? Evet, öyle bir kişiden talep eder ki, en gizli ve en küçük bir hayvanın küçük bir ihtiyacı için hal diliyle yaptığı duayı işitir, kabul eder, ihtiyacını yerine getirir. Ve keza, en aşağı bir beklentiyi, en aşağı bir amaç için, en aşağı bir canlıda görür ve onu ona yetiştirmekle ikram ve merhamet eder. Bu duaların neticesinde yapılan terbiye ve tedbirler öyle bir intizamla akar ki, o terbiyelerin ancak Allah'tan olduğuna şüphe bırakmaz.

Acaba o zat, o minberde arşa yönelip ellerini kaldırarak yaptığı dua ile ne istiyor ki bütün yaratılanlar "âmin" diyor?

Evet, O, Cenab-ı Hakk'ın rızasını cenneti ve cemalini istiyor. Bu istenilen şeylerin icadına rahmet, hikmet, adalet gibi sayısız sebepler olmadığı takdirde, sadece O'nun duası ve yalvarması, cennetin icadına ve vermesine yeterlidir. Bundan dolayı, O'nun risaleti, imtihan ve kulluk için şu dünyanın kurulmasına sebep olduğu gibi, kulluğunda yaptığı dua, ödül ve cezalandırmalar için âhiret diyarının icadına sebep olur.

Evet, bu yüksek intizam ve geniş rahmet ve güzel sanat ve kusursuz cemalle zulüm ve çirkinlik arasında zıtlık vardır. Bir araya gelmeleri mümkün değildir.

Evet, aşağı bir sesi, aşağı bir kimseden, âdi bir iş için işitip kabul etmekle, en yüksek bir sesi, en büyük bir iş için işitip kabul etmemek, benzersiz çirkinlik ve bir kusurdur. Bu ise mümkün değildir. Çünkü kişinin güzelliği, çirkinliğe dönüşür.

Gerçeklerin değişmesi ise imkânsızdır.

"Kul namaza durduğunda, bütün günahları getirilir. Başı ve omuzları üzerine konulur. Rükû ve secdeye gittikçe dökülür, o insandan ayrılır."

Hz. Muhammed (sav)

Allah'a Ulaşmanın En Esenlikli Yolu: Namaz

Allah'a kavuşturan yollar pek çoktur.

Bütün hak yolları Kuran'dan alınmıştır.

Fakat yolların bazısı bazısından daha kısa, daha selâmetli, daha genel oluyor.

O yollar içinde, kısa anlamla Kuran'dan istifade ettiğim güçsüzlük ve yoksulluk ve şefkat ve tefekkür yoludur.

Evet, güçsüzlük de, aşk gibi, belki daha sağlam bir yoldur ki, kulluk yoluyla sevilirliğe kadar gider.

Yoksulluk da Rahman ismine ulaştırır.

Hem şefkat de, aşk gibi, belki daha keskin ve daha geniş bir yoldur ki, Rahim ismine ulaştırır.

Hem tefekkür de, aşk gibi, belki daha zengin, daha parlak, daha geniş bir yoldur ki, Hakim ismine ulaştırır.

Şu yol, gizli yollar gibi, "on ince duygu" gibi on adım değil; ve açık olarak ve yüksek sesle zikir eden tarikat gibi "yedi çeşit nefis" yedi mertebeye atılan adımlar değil; belki dört adımdan ibârettir. Yoldan çok hakikattir, şeriattır.

Yanlış anlaşılmasın; güçsüzlük ve yoksulluk ve kusurunu Cenab-ı Hak'ka karşı görmek demektir. Yoksa onları yapmak veya halka göstermek demek değildir.

Şu kısa yolun devamlı okunan duaları, sünnete uymaktır; farzları işlemek, büyük günahları terk etmektir.

Ve bilhassa, namazı bütün rükünlerini yerine getirerek, dosdoğru kılmak, namazın arkasındaki tesbihatı yapmaktır.

Birinci adıma, "Nefislerinizi temize çıkarmayın" ayeti işaret ediyor.

İkinci adıma, "Allah'ı unutanlar gibi olmayın ki, Allah da onlara kendi akıbetlerini unutturmuştur" ayeti işaret ediyor.

Üçüncü adıma, "Sana her ne iyilik erişirse Allah'tandır. Sana her ne kötülük gelirse, o da kendi kusurun sebebiyledir" ayeti işaret ediyor.

"Dinde namazın yeri, vücutta başın yeri gibidir."

Hz. Muhammed (sav)

Namaz Cennet Ağacıdır

İman, Allah'ın ihsan ettiği bir ışık olduğu gibi, sonsuz saadetin de parıltısıdır. Ve o parıltıyla, vicdanında bulunan bütün yeteneklerin tohumları Tuba ağacı gibi büyüyüp genişlemeye başlar, sonsuzluk ülkesine doğru gider.

"Namazı dosdoğru kılarlar."

Bu cümlenin önceki cümleyle bağlılığı ve münasebeti gün gibi aşikârdır.

Lakin bedeni ibadet ve taatlerden namazın tahsisi, namazın bütün güzelliklerine fihrist ve örnek olduğuna işarettir. Evet, nasıl ki Fatiha Kuran'a, insan kâinata fihristtir; namaz da güzel şeylerin fihristidir. Çünkü namaz; oruç, hac, zekât ve başka hakikatleri kuşattığı gibi, bütün yaratılanların isteyerek yaptıkları ve fıtrî ibadetlerinin örneklerini de kaplıyor.

Meselâ secdede, rükûda, kıyamda olan meleklerin ibadetlerini, hem taş, ağaç ve hayvanların o ibadetlere benzeyen durumlarını andıran bir ibadettir.

"Bir mümin namaz kılmaya başlayınca, cennet kapıları onun için açılır. Rabbi ile arasında bulunan perdeler kalkar. Bu hal namaz bitinceye kadar devam eder."

Hz. Muhammed (sav)

Namaz Kutsal Bir İlaçtır

Ey hasta kardeşler!

Siz gayet faydalı ve her derde deva ve gerçek lezzetli kutsî bir ilaç isterseniz, imanınızı açınız.

Yani, tövbe ve Allah'tan af dileyerek ve namaz ve kullukla, o kutsi panzehir olan imanı ve imandan gelen ilacı kullanınız.

"Namazı doğru kılanın, ağaçtan yaprakların döküldüğü gibi günahları dökülür."

Hz. Muhammed (sav)

Sabah ve Akşam Namazından Sonra

"Onun adıyla. O her kusurdan münezzehtir.

Hiçbir şey yoktur ki Onu hamd ile tesbih etmesin."

"Allah'tan başka ibadete layık hiçbir ilah yoktur. O birdir; O'nun hiç bir şeriki yoktur. Mülk O'na ait, hamd O'na mahsustur. Hayatı veren de O'dur, ölümü veren de O'dur. O, kendisine asla ölüm ârız olmayan Hayy-ı Ezelî'dir. Bütün hayır O'nun elindedir. O her şeye hakkıyla kadirdir. Her şeyin ve herkesin dönüşü de O'nadır."

Sabah ve akşam namazından sonra tekrarının pek çok fazileti bulunan ve bir rivayete göre Allah'ın isimlerinin mertebesini taşıyan şu tevhit cümlesinin on bir kelimesi var.

Her bir kelimesinde, hem birer müjde, hem birer Allah'ın terbiyesinin birliği mertebesi, hem Allah'ın isimleri noktasında Allah'ın birliğinin büyüklüğü ve Allah'ın birliğindeki mükemmeliyet vardır.

"Şüphesiz ki benim ümmetim, kıyamet gününde, abdest izlerinden dolayı yüzleri nurlu, elleri ve ayakları parlak olarak çağırılacaktır. Yüzünün nurunu artırmaya gücü yeten kimse bunu yapsın."

Hz. Muhammed (sav)

Namaz Tesbihatındaki Salâvat'ın Sırrı

"Sana binler salât ve selâm olsun ey Allah'ın elçisi!" cümlesi namaz tesbihatında okunurken açılan ince bir anlamı uzaktan uzağa gördüm.

Tamamını tutamadım, fakat bir iki cümlesini söyleyeceğim. Gördüm ki, gece âlemi, dünyanın yeni açılmış bir menzili gibidir.

Yatsı namazında o âleme girdim. Hayalin olağanüstü genişlemesinden ve insanın bütün dünya ile alakadarlığından, koca dünyayı, o gecede bir menzil gibi gördüm. Canlılar ve insanlar görünmeyecek derecede küçüldüler. Yalnız o menzili şenlendiren ve ışıklandıran Hz. Muhammed'in manevi kişiliğini gördüm.

Bir adam yeni bir menzile girdiği zaman menzildeki kişilere selâm verdiği gibi,

"Binler salât ve selâm sana, yâ Resulallah!" demeye bir arzuyu içimde coşar buldum.

Sanki bütün insanlar ve cinler sayısınca selâm ediyorum.

Yani, sana bağlılık sözünü yenileyerek, memuriyetini kabul ve getirdiğin kanunlarına itaat ve emirlerine teslimiyetimizden selâmet bulacağını selâmla ifade edip, benim dünyamın bilinçli yaratıkları olan bütün cinleri ve insanları konuşturup, her birilerinin adına bir selâmı, zikredilen anlamlarda sundum. Hem o getirdiği nur ve hediye ile benim bu dünyamı aydınlattığı gibi, herkesin bu dünyadaki dünyalarını aydınlatıyor, nimetlendiriyor diye o hediyesine şükrederek bir mukabele olmak üzere, "Binler salâvat sana insin" dedim.

Yani, "Senin bu iyiliğine karşı biz mukabele edemiyoruz. Belki Rabbimizin rahmet hazinesinden gelen ve göklüler sayısınca rahmetler sana gelmesini yalvararak şükranımızı gösteriyoruz." anlamını hissettim. Peygamberimiz, kulluk yönüyle, halktan Hakk'a yönelmesiyle, rahmet anlamındaki salâtı ister. Peygamberlik yönüyle, Hak'tan halka elçiliği haysiyetiyle selâm eder. Nasıl ki cin ve insan sayısınca selâma layık ve cin ve insan sayısınca genel bağlılık sözü yenilemeyi sunuyoruz. Öyle de, göklüler sayısınca, rahmet hazinesinden, her birinin adına bir salâta layıktır. Çünkü getirdiği nurla her bir şeyin kemali görünür ve her bir varlığın kıymeti görünür ve her bir yaratığın görevi anlaşılır ve her sanatla yapılmış bir eserdeki ilahî amaç belirir. Peygambere gelen rahmet, bütün ümmetin sonsuz zamandaki ihtiyaçlarına bakıyor.

Onun için, sonsuz salât yerindedir. Acaba, dünya gibi koca, büyük ve gafletli ve karanlıklı, vahşetli ve boş bir eve birisi girse, ne kadar dehşete düşer, ürker, telaşlanır. Ve birden o evi aydınlatarak sevilen Peygamberimiz sadırda görünüp, o evin sahibi olan Allah'ı, o evin her eşyasıyla tarif edip tanıtsa, ne kadar sevinç, ünsiyet, ışık, ferah verdiğini kıyaslayınız, salâvatın kıymetini ve lezzetini takdir ediniz...

Resulullah'a salâvat getirmek, tek başıyla bir hakikat yoludur.

Peygamber Efendimiz büyük bir rahmete mazhardır, bu mazhariyet, sonsuz salâvat gerektirir.

Çünkü Peygamber Efendimiz bütün ümmetin dertleriyle ilgilidir ve saadetleriyle nasiplenir.

Sonsuz istikbalde, âhirette, sonsuz hallere maruz ümmetin bütün saadetleriyle alakadarlığının ihtiyacındandır ki, sonsuz salâvata ihtiyaç göstermiştir.

"Müminin nuru ve beyazlığı, abdest suyunun ulaştığı yere kadar varır."

Hz. Muhammed (sav)

Kuran'ın Kelimeleri Canlıdır

Bazı âlimler derler ki:

"Kuran'ın sözleri ve zikirleri ve diğer tesbihlerin her biri birçok yönden insanın manevi duygularını ışıklandırır, manevi gıda verir. Anlamları bilinmezse, sadece sözler yeterli değildir. Söz bir elbisedir; değiştirilse, her grup kendi diliyle o anlamlara sözler giydirse, daha faydalı olmaz mı?"

Kuran'ın sözleri ve Peygamberimizin tesbihatı cansız bir elbise değil, cesedin canlı cildi gibidir; belki zamanla cilt olmuştur. Elbise değiştirilir; fakat cilt değişse vücuda zarar verir. Belki namaz ve ezandaki gibi mübarek sözler, bilinen ve anlaşılan anlamlarıyla simge olmuşlar. Simge ve isim ise değiştirilmez.

Ben kendi nefsimde tecrübe ettiğim bir durumu çok defa inceledim, gördüm ki, bu hal gerçektir.

İhlâs suresini Arefe gününde yüzer defa tekrar edip okuyordum. Gördüm ki, bendeki manevi duyguların bir kısmı, birkaç defada gıdasını alır, vazgeçer, durur. Ve düşünme duygusu gibi bir kısım dahi, bir zaman anlamına yönelir, hissesini alır, o da durur. Ve kalp yönden hissesini alır, o da susar.

Git gide, o tekrarda yalnız bir kısım incelikler kalır ki, pek geç usanıyor; devam eder, daha anlama ve incelenmeye hiç ihtiyaç bırakmıyor. Gaflet düşünme duygusuna zarar verdiği gibi ona zarar vermiyor.

Ve o devam eden ince duygular, ilim öğrenmeye ve anlamaya muhtaç değiller; belki hatırlamaya, yönelmeye ve teşvike ihtiyaç gösterirler. Ve o cilt hükmündeki sözler onlara yetiyor ve anlam görevini görüyorlar. Özellikle o Arapça sözlerle, Kuran'ın Allah'ın kulları ile konuşması olduğunu hatırlamakla, manevi bir gıdanın sürekli kalbine akmasına sebeptir.

İşte, kendim tecrübe ettiğim şu durum gösteriyor ki, ezan gibi, namazın tesbihatı gibi ve her vakit tekrar edilen Fatiha ve İhlâs suresi gibi hakikatleri başka dille ifade etmek doğru değildir. Çünkü kaynağı ilahîdir, feyiz, o dilin içinden gelir. Peygamberimizin sözleri kaybolduktan sonra, o ince duyguların sürekli hisseleri de kaybolur. Hem her harfin en azından on sevabı zayi olması ve kendisini her an Allah'ın huzurunda hissetmek bütün namazda herkes için devam etmediğinden, gaflet içinde, tercüme vasıtasıyla insanların yorumları ruha karanlık vermesi gibi zararlar olur.

Evet, nasıl İmam-i Azam demiş: "Lailahe illallah, tevhidin âlemi ve ismidir."

Biz de deriz:

Tesbihattaki kelimelerin, özellikle ezan ve namazda olanların çoğu, simge ve isim hükmüne geçmişler.

Alem gibi, sözlük anlamından çok, şeriata uygun anlamına bakılır.

Öyleyse değişmeleri dini kanunlara göre mümkün değildir. Her müminin bilmesi gereken özlü anlamını ise, âlim olmayan biri bile çabuk öğrenir.

Bütün ömrünü İslamiyet'le geçiren ve kafasını binlerce gereksiz şeylerle dolduran kimseler, bir iki haftada, sonsuz hayatın anahtarı olan şu mübarek kelimelerinin anlamını öğrenmemekte nasıl mazur olabilirler, nasıl Müslüman olurlar, onlara nasıl "akıllı adam" denilir? Ve öylelerinin tembelliklerinin hatırı için o ışık kaynaklarının koruyucu kutularını bozmak akıl kârı değildir.

Hem "Subhanallah" diyen, hangi milletten olursa olsun, Cenab-ı Hakk'ı takdis ettiğini anlar. Bu yetmez mi? Eğer anlamına kendi diliyle yönelse, akıl noktasında bir defa ilim öğrenir eder. Halbuki günde yüz defa tekrar eder. Dilden dile sirayet eden ve kaynaşan anlamı, çok nur ve feyze sebeptir. Özellikle, Allah'ın kullarıyla konuşması haysiyetiyle aldığı kutsiyet ve o kutsiyetten gelen feyizler ve ışıklar çok ehemmiyetlidir.

Elhâsıl: Dinin zaruri kapları olan ayetlerin yerine hiçbir şey ikame edilemez ve yerlerini tutamaz ve görevlerini göremez. Ve geçici ifade etseler de, sürekli, yüce, kutsî ifade edemezler.

Amma dinin ilmî ve fikî kısmının kutuları olan sözlerin ise değiştirilmesi gerekmez. Çünkü nasihatle ve başka dersler ve vaazla o ihtiyaç giderilir.

Kısaca, güzel bir dil olan Arapça'nın nitelik ve muhteva bakımından zenginliği ve toplayıcılığı ve Kuran sözlerinin az sözle çok anlam ifade etmesi öyle bir tarzdadır ki, tercümesi mümkün değildir, belki imkânsızdır diyebilirim. Tercüme dedikleri şey ise, gayet kısa ve eksik bir mealdir. Böyle meal nerede; canlı, çok yönden şubelere ayrılmış ayetlerin gerçek anlamları nerede?

"Ne dersiniz? Birinizin kapısının önünde bir nehir olsa da, o kimse her gün bu nehirde beş defa yıkansa, kirinden bir şey kalır mı? Beş vakit namaz işte bunun gibidir. Allah beş vakit namazla günahları silip yok eder."

Hz. Muhammed (sav)

Namaz Tesbihatının Önemi

Namazdan sonraki tesbihat, Peygamberimizin manevi yoludur (sav) ve velâyetinin bir virdidir. O noktadan ehemmiyeti büyüktür.

Nasıl ki, risalete dönüşen velâyet-i Ahmediye (sav) bütün velâyetlerin üstündedir. Öyle de, o velâyetin tarikatı ve özel virdi olan namazın sonundaki tesbihat, o derece diğer manevi yolların ve virtlerin üzerindedir. Bu sır dahi şöyle açıldı ki:

Nasıl zikir dairesinde bir mecliste veyahut Nakşî hatmesinde bir mescitte birbiriyle alakadar cemaatte nuranî bir vaziyet hissediliyor. Kalbi açık bir zat namazdan sonra "sübhanallah, sübhanallah" deyip tesbihi çekerken, o zikir dairesinin reisi olan Peygamberimize imamlığına yönelerek milyonlarca tesbih edenleri manen hisseder. O azamet ve ulviyetle "sübhanallah, sübhanallah" der. Sonra o serzâkirin manevisiyle emriyle, ona uyarak, "elhamdülillah, elhamdülillah" dediği vakit, o zikir halkasının ve o çok geniş dairesi bulunan hatme-i Ahmediye'nin (sav) dairesinde yüz milyonlarca müridin, "elhamdülillah, elhamdülillah"larından tezahür eden azametli bir hamdi düşünüp içinden "elhamdülillah" ile onlara katılır, ve "Allahuekber, Allahuekber" ve duadan sonra "lailâheillâllah, lailâheillâllah" otuz üç defa o tarikat-ı Ahmediye'nin (sav) zikir halkasında ve büyük hatmesinde o önceki manayla o yol arkadaşlarını nazara alıp o halkanın serzâkiri olan zât-ı Ahmediye'ye (sav) yönelip "Milyon kere salât ile milyon kere selâm senin üzerine olsun ey Allah'ın Resulü!" der, diye anladım ve hissettim ve hayalen gördüm. Demek namaz tesbihatının çok ehemmiyeti var.

"Cemaatle kılınan namaz, tek başına kılınan namazdan yirmi yedi derece daha faziletlidir."

Hz. Muhammed (sav)

Yaşlılıkta Namaz

Ey ihtiyar ve ihtiyareler! Madem sizlerde iman var ve madem imanı ışıklandıran ve inkişaf ettiren namaz ve niyaz var. İhtiyarlığınıza ebedî bir gençlik nazarıyla bakabilirsiniz. Çünkü onunla ebedî bir gençlik kazanabilirsiniz. Hakiki soğuk ve sakil ve çirkin ve zulmetli ve elemli olan ihtiyarlık ise, ehl-i dalâletin ihtiyarlıklarıdır, belki de onların gençlikleridir. Onlar ağlamalı, onlar "Vâ esefâ, vâ hasretâ!" demeli. Sizler, ey muhterem imanlı ihtiyarlar, "Elhamdülillahi alâ külli hal" deyip mesrurâne şükretmelisiniz.

"Sabah namazını kılan kimse Allah'ın himayesindedir. Dikkat et, ey Ademoğlu! Allah, bizzat himayesinde olan bir konuda seni sorguya çekmesin."

Hz. Muhammed (sav)

Namaz Kılanın İddiası

Ey zikreden ve namaz kılan kardeş bil ki!

"Şahitlik ederim ki Allah'tan başka ilah yoktur ve Muhammed O'nun elçisidir" ve "Elhamdülillah" gibi mübarek kelimelerle ilan, hüküm ve iddia ettiğin bir dava ve şahit gösterdiğin bir iman, dilinden çıkar çıkmaz, milyonlarca mümin tarafından doğrulanır ve desteklenir.

Ve İslamiyet'in hak ve hakikat olduğuna ve hükümlerinin doğru ve sadık olduklarına işaret eden bütün deliller, şahitler, senin o dava ve itikadının hak olduğuna işaret ederler.

Ve keza, söylediğin o mübarek ve mukaddes kelâmlara pek büyük feyizler ve ilahî bereketler terettüp eder.

"En hayırlı amel, vaktinde kılınan namazdır."

Hz. Muhammed (sav)

Farz Namazların Kazası

Ey bu medresede benim ders arkadaşlarım!

Hem dünyamıza, hem geleceğimize, hem âhiretimize, hem vatanımıza, hem milletimize tam menfaatli ve kolay ve selâmetli olan iman ve istikamet yolunu takip edip boş vaktimizi sıkıntılı hülyalar yerine Kuran'dan bildiğimiz sureleri okumak ve manalarını bildiren arkadaşlardan öğrenmek ve kazaya kalmış farz namazlarımızı kaza etmek ve birbirinizin güzel huylarından istifade edip bu hapishaneyi güzel seciyeli fidanlar yetiştiren mübarek bir bahçeye çevirmek gibi salih amellerle, hapishane müdür ve alakadarları, câni ve katillerin başlarında zebani gibi azap memurları değil, belki Hz. Yusuf'un medresesinde cennete adam yetiştirmek ve onların terbiyesine nezaret etmek vazifesiyle memur birer müstakim üstad ve birer şefkatli rehber olmalarına çalışmalıyız.

"Kıyamet gününde kulun hesaba çekileceği ilk ameli, onun namazıdır."

Hz. Muhammed (sav)

Dua Kulluktur

Hasta bir çocuk çağırır: "Yâ hekim, bana bak."

Hekim "buyur," der, "ne istiyorsun?"

Cevap verir çocuk: "Şu ilacı ver bana" der.

Hekim ise, ya istediğini verir yahut ondan daha iyisini verir yahut hastalığına zarar olduğunu bilir, hiç vermez.

İşte Cenab-ı Hak, Hakim-i Mutlak, hâzır, nâzır olduğu için, kulun duasına cevap verir. Vahşet ve kimsesizlik dehşetini, huzûruyla ve cevabıyla ünsiyete çevirir. Fakat insanın nefsinin baskısıyla değil, belki Rabbanî hikmetin gereği olarak, ya isteğini veya daha evlasını verir veya hiç vermez.

Hem dua, bir kulluktur; meyvesi âhirettedir. Dünyevî amaçlar ise, o türden dua ve ibadetin vakitleridir; o maksatlar, gayeleri değil. Meselâ, yağmur namazı ve duası bir ibadettir. Yağmursuzluk, o ibadetin vaktidir; yoksa o ibadet ve o dua, yağmuru getirmek için değildir. Eğer sırf o niyet ile olsa, o dua, o ibadet hâlis olmadığından, kabule layık olmaz.

Nasıl ki, güneşin batışı, akşam namazının vaktidir; hem güneşin ve ayın tutulmaları, küsûf ve husûf namazları denilen iki özel ibadetin vakitleridir. Yani, gece ve gündüzün nurânî ayetlerinin perdelenmesiyle bir Allah'ın büyüklüğünü ilâna vesile olduğundan, Cenab-ı Hak, kullarını, o vakitte bir nevi ibadete davet eder. Yoksa o namaz, açılması ve ne kadar devam etmesi, müneccim hesabıyla belirlenmiş olan ay ve güneşin husûf ve küsûflarının inkişafları için değildir. Aynı onun gibi, yağmursuzluk dahi, yağmur namazının vaktidir. Ve musibetlerin istilası ve zararlı şeylerin saldırısı, bazı duaların özel vakitleridir ki, insan o vakitlerde aczini anlar; dua ve niyaz ile Allah'ın dergâhına sığınır. Eğer dua çok edildiği halde, belalar savuşturulmazsa, denilmeyecek ki, "Dua kabul olmadı." Belki denilecek ki, "Duanın vakti, kaza olmadı." Eğer Cenab-ı Hak, fazl ve keremiyle, belayı kaldırsa, nurun ala nur, o vakit dua vakti biter, kaza olur.

Demek dua, bir ubudiyet sırrıdır. Ubudiyet ise, sadece Allah rızası için olmalı. Yalnız aczini fark edip, dua ile O'na sığınmalı; Rububiyetine karışmamalı. Tedbiri O'na bırakmalı, hikmetine güvenmeli, rahmetini suçlamamalı. Evet, hakikatte, ayetlerin beyanıyla sabit olan budur ki: Bütün varlıklar, her birisi birer mahsus tesbih ve birer hususi ibadet, birer has secde ettikleri gibi; bütün kâinattan Allah'ın dergâhına giden, bir duadır.

"Bir kimsenin cemaatle kıldığı namazın sevabı, evinde ve çarşı pazarda kıldığı namazdan yirmi beş kat daha fazladır. O kimse abdestini güzelce alıp, sonra sadece namaz kılmak maksadıyla mescide giderse attığı her adım sebebiyle bir derece yükseltilir, bir hatası da silinir. Namazını kıldıktan sonra abdestini bozmadan namaz kıldığı yerde kaldığı müddetçe, melekler ona: Allahım! Ona rahmetinle muamele et, ona acı! diyerek dua etmeye devam ederler. O kimse namazı beklediği sürece namazda imiş gibidir."

Hz. Muhammed (sav)

Cemaatin Sevabı

Müminlerin ibadetlerinde, dualarında birbirine dayanarak cemaatle kıldıkları namaz ve diğer ibadetlerinde büyük bir sır vardır ki, her bir kişi, kendi ibadetinden kazandığı miktardan daha fazla bir sevap cemaatten kazanıyor.

Ve her bir kişi ötekilere duacı ve şefaatçi olur, özellikle Peygamber Aleyhis salâtü Vesselâma... Ve bunun gibi, her bir kişi, arkadaşlarının saadetinden zevk alır ve kâinatın yaratıcısına kulluk etmeye ve sonsuz saadete aday olur.

İşte müminler arasında, cemaatler sayesinde olan şu yüce, manevi yardımlaşma ve birbirine yardımlaşmakla hilafeti yüklenme, emanete mazhar olmakla beraber yaratılanlar içerisinde kendisine değer verilmiştir.

> "Bir Müslüman, farz namazın vakti geldiğinde güzelce abdest alır, huşû içinde ve rükûunu da tam yaparak namazını kılarsa, büyük günah işlemedikçe, bu namaz önceki günahlarına kefâret olur. Bu her zaman böyledir."
>
> Hz. Muhammed (sav)

"Namazı Dosdoğru Kılarlar"

"Ve namazı dosdoğru kılarlar"ın fiil kipiyle zikrinde ne hikmet vardır?

Ruha hayat veren namazın o geniş hareketini ve İslam âlemine yayılmış olan o manevi uyanışı muhataba hatırlatıp göstermektir. Ve o güzel vaziyeti, o düzenli durumu aklına götürüp tasvir etmekle dinleyicilerin namaza eğilimini uyarıp artırmaktır.

Evet, dağınık bir durumda bulunan bireyleri büyük bir sevinçle toplanmaya götüren, bilinen aletin sesi gibi, âlem sahrasında dağılmış insanları cemaate davet eden ezanın o tatlı sesiyle, ibadete ve cemaate bir eğilim, şiddetli bir istek oluşur.

Sual: "Namaz kılarlar" kelimesine bedel, uzatmanın "Namazı dosdoğru kılarlar" zikrinde ne hikmet vardır?

Cevap: Namazda gereken o namazın bütün rükünlerini yerine getirme, devamlılık, muhafaza gibi "ikame"nin manalarına uymaya işarettir.

Arkadaş! Namaz, kul ile Allah arasında yüksek bir nispet ve yüce bir münasebet ve nezih bir hizmettir ki, her ruhu kendine çekmek namazın özelliğindendir. Namazın rükünlerinin sırları, *Fütuhat-ı Mekkiye*'nin açıkladığı gibi, öyle kapsamlıdır ki, her vicdanın sevgisini kendine çekmek, namazın özelliğindendir. Namaz, Allah tarafından her yirmi dört saat zarfında tayin edilen vakitlerde manevi huzuruna yapılan bir davettir. Bu davetin özelliğindendir ki, her kalp, tam bir istek ve neşe ve iştiyakla cevap versin ve miracvarî olan o yüksek duaya mazhar olsun.

Namaz, kalplerde Allah'ın büyüklüğünü tespit ve akılları ona yöneltmekle ilahî adaletin kanununa itaat ve zerreden küreye her şeyi gerektiği gibi terbiye eden Allah'ın koyduğu düzene benzetmeye çalışmak için tek ilahî vesiledir. Zaten insan, ferdi ve sosyal hayatını kurtarmak için, o ilahî kanuna muhtaçtır. O vesileye uymayan veya tembellikle namazı terk eden veya değerini bilmeyen, ne kadar cahil, ne derece zarar gördüğünü, ne kadar zararlı olduğunu sonradan anlar, ama iş işten geçer.

"Ve kendilerine rızık olarak verdiklerimizden Allah yolunda bağışta bulunurlar." Bu sözün öncesiyle düzenini gerektiren münasebet ise; namaz dinin direği ve kıvamı olduğu gibi, zekât da İslam'ın köprüsüdür. Demek, birisi dinî, diğeri barış, huzur ve güvenliği muhafaza eden ilahî iki esastırlar. Bunun için birbiriyle bağlanmışlardır.

"Kim müezzini işittiği zaman: Tek olan ve ortağı bulunmayan Allah'tan başka ilah olmadığına, Muhammed'in O'nun kulu ve resulü olduğuna şahitlik ederim. Rab olarak Allah'tan, resul olarak Muhammed'den, din olarak İslam'dan razı oldum, derse, o kimsenin günahları bağışlanır."

Hz. Muhammed (sav)

Başı Hacerü'l-Esved'in Altına Koymak

Yaratılış ağacının meyvesi insandır. Malumdur ki meyve, bütün meyve ağacının bütün parçalarını ve özelliklerini ihtiva eder. Ve bunun gibi, âlemin yaratılışın asıl gayesi hükmünde olan çekirdeği yine insandır.

Sonra, o ağacın meyvesi olan insandan bir tanesini İslamiyet ağacına çekirdek edinmiştir. Demek o çekirdek, İslamiyet âleminin hem binasıdır, hem temelidir. Fakat o çekirdeğin çekirdeği kalptir. Kalbin ihtiyaç duyduklarıyla âlemin türleriyle, parçalarıyla çok ilgisi vardır. Allah'ın güzel isimlerinin bütün nurlarına ihtiyaçları vardır. Dünyayı dolduracak kadar o kalbin hem beklentileri, hem de düşmanları vardır. Ancak, sonsuz zenginlik sahibi ve hiçbir şeye ihtiyacı olmayan Allah ile tatmin olabilir.

Bunun gibi, o kalbin öyle bir kabiliyeti vardır ki, bir harita veya bir fihrist gibi bütün âlemi temsil eder. Ve Allah'tan başka merkezinde bir şeyi kabul etmiyor. Sonsuz, sürekli bir bekadan başka bir şeye razı olmuyor.

İnsanın çekirdeği olan kalp, kulluk ve ihlas altında İslamiyet'le sulanarak imanla uyanırsa, ışıklı, misali Allah'ın değişmeyen kanunlar âleminden gelen emirle öyle bir ışıklı ağaç olarak yeşillenir ki, onun cismi olan âlemine ruh olur. Eğer o kalp çekirdeği böyle bir terbiye görmezse, kuru bir çekirdek kalarak ışığa dönüşünceye kadar ateşle yanması gerekir.

Ve bunu gibi, o kalp parçası için, pek çok hizmetçi vardır ki, o hizmetçiler kalbin hayatiyle hayat bulup genişlerlerse, kocaman kâinat onlara kederlerini gidermek için bir gezinti yeri olur. Hatta kalbin hizmetçilerinden olan hayal, örneğin en zayıf, en kıymetsiz iken, hapiste ve zindanda kayıtlı olan sahibini bütün dünyada gezdirir, ferahlandırır. Ve doğuda namaz kılanın başını Hacerü'l-Esved'in altına koydurur. Ve şahitliklerini Hacerü'l-Esved'e muhafaza için emanet eder.

Madem Âdemoğlu kâinatın meyvesidir, nasıl ki, bir harmanda başaklar döğülür; tasfiye sonunda meyveler toplanır ve biriktirilir. Bundan dolayı, haşir meydanı da bir harmandır; kâinatın başak ve meyvesi olan Âdemoğlu'nu beklemektedir.

"Güneş doğmadan ve batmadan önce namaz kılan bir kimse cehenneme girmeyecektir."

Hz. Muhammed (sav)

Sadece Sana Kulluk Ederiz

"Sadece sana kulluk ederiz"'deki nun'un ifade ettiği cem' ve cemaat, fikri ve kalbi ayık olarak namaz kılanın gözünde yeryüzünü bir mescit şekline getirir. Ve bütün müminlerden oluşan, doğudan batıya kadar dizilmiş safları kaplayan o büyük cemaat içinde namaz kıldığını hatırlatır.

Ve bunun gibi, "Allah'tan başka ilah yoktur" olan zikir kelimelerini bir insan sık sık zikrettiği zaman, zamanı bir zikir halkası olarak hayal etmekle, o halkanın sağ tarafı olan geçmiş zaman yönünden peygamberlerin, sol tarafı olan istikbal yönünde de evliyanın oturup cemaatle zikrettiklerini ve kendisi de, o büyük cemaat içinde bulunarak şu gökyüzünü dolduran yüksek, ilahî ve tatlı seslerin katıldığını hayal etsin. Hayal gücü daha keskin olanlar da kâinat mescidinde bütün sanatlı yapılmış eserlerin şekillendirdikleri zikir halkalarına girsin, şu uzayı coşturan o sesleri dinlesin.

"Siz şu dolunayı güçlük çekmeden gördüğünüz gibi, Rabbinizi de açıkça göreceksiniz. Güneş doğmadan ve batmadan önceki namazları kaçırmamak elinizden geliyorsa, kesinlikle kaçırmayıp kılınız."

Hz. Muhammed (sav)

Namazda Kâbe'yi Görmek

Kâbe'yi hayalen görerek namaz kılmak güzel bir ameldir ki, birbirine giren daireler gibi Beyt'in etrafında şekillenen safları görmekle, yakın saflar Beyt'in etrafını çevirdikleri gibi, en uzak safların da İslam âlemini kuşattıklarını hayalle görsün. Ve o saflara girmekle, o büyük cemaate dahil olsun ki, o cemaatin toplanması, onun namazda söylediği her davaya ve her bir sözüne bir belge bir kanıt olsun.

Meselâ: Namaz kılan "Elhamdülillah" dediği zaman, sanki o büyük cemaati teşkil eden bütün müminler; "Evet, doğru söyledin" diye onun o sözünü tasdik ediyorlar. Ve bu tasdikler, vehim ve vesveselere karşı manevi bir kalkan görevini görür. Ve aynı zamanda, insanın bütün duyguları o namazdan zevk ve hissesini alır. Yalnız namaz kılanın Kâbe'ye olan şu hayalî bakışı, kasıtlı değil, dolaylı bir şuurdan ibaret bulunmalıdır.

"Rabbin için namaz kıl ve kurban kes."

(Kevser Suresi, 2)

Namazda Akla Kötü Şeylerin Gelmesi

İnsan kalben ve fikren ilahî hakikatlere bakıp düşündüğü zaman, bilhassa namaz ve ibadet esnasında, gerek şeytan, gerekse nefsi tarafından pek fena ve çirkin vesveseler, hatıralar, sinekler gibi kalbe, akla hücum ederler. Bu gibi vehmî ve çirkin şeyleri kovmaya çalışan adam, o vesveselere mağlup olur. Ancak onları mağlup edip kaçırmanın çaresi, müdafaayı terk edip onlarla uğraşmamaktır. Evet, arılar uğraşıldıkça hücumlarını arttırırlar. Onlara karışılmadığı takdirde, insanı terk eder, giderler. Hem de o gibi vesveselerin, ne ilahî hakikatlere ve ne de senin kalbine bir zararı yoktur. Evet, pis bir menzilin deliklerinden göğün güneş ve yıldızlarına, cennetin gül ve çiçeklerine bakılırsa, o deliklerdeki pislik ne bakana ve ne de bakılana bulaşmaz.

Ve fena bir tesir etmez.

O çirkin sözler senin kalbinin değil. Çünkü senin kalbin ondan etkilenmekte ve üzülmektedir. Belki kalbe yakın olan şeytanî bir duyudan geliyor.

Meselâ, sen namazda, Kâbe karşısında, Allah'ın huzurunda, O'nun ayetlerini tefekkürde olduğun bir halde, bu çağrışımlar seni tutup en uzak ve rezil, boş şeylere yöneltir.

Halbuki, aynanın içindeki yılanın görüntüsü ısırmaz.

Ateşin örneği yakmaz.

Ve pis şeylerin görünmesi aynayı kirletmez.

II.
Bediüzzaman'dan Namaz Hatıraları

"Hz İbrahim Rabbine şöyle dua etmişti. Rabbim beni de çocuklarımı da namaz kılanlardan eyle. Rabbimiz duamı kabul buyur."

(İbrahim Suresi, 40)

Tutsaklıkta Namaz

Bediüzzaman gönüllü alay komutanı olarak talebeleriyle birlikte katıldığı, büyük kahramanlıklar gösterdiği Kafkas Cephesi'nde 1916 yılında esir düşer, Rusya'nın Kosturma şehrindeki esirler kampına gönderilir. Burada oldukça ilginç bir hadise yaşanır. Bir gün Rus başkomutanı Nikola Nikolaviç esirleri teftişe gelir. Herkes ayağa kalktığı halde bir kişi ayağa kalkmaz. Bu Bediüzzaman'dır. Başkomutan ikinci, hatta üçüncü kez önünden geçtiği halde yine kalkmadığını görür ve tercüman vasıtasıyla sordurur:

– "Beni tanımadınız mı?"

– "Evet, tanıdım. Nikola Nikolaviç'tir. Çarın dayısıdır. Kafkas Cephesi Başkumandanıdır."

– "O halde niçin hakaret ettiler?"

– "Hayır, ben kendilerine hakaret etmiş değilim. Ben mukaddesatımın emrettiğini yaptım."

– "Mukaddesat ne emrediyormuş?"

– "Ben Müslüman âlimiyim. Benim kalbimde iman vardır. Kendinde iman olan bir şahıs, imanı olmayan şahıstan efdaldir. Ben sana ayağa kalksaydım mukaddesatıma hürmetsizlik etmiş olurdum. Onun için ayağa kalkmadım."

– "Şu halde bana imansız demekle beni, şahsımı, ordumu, hem de milletimi ve Çar'ı tahkir etmiş oluyor. Derhal Divan-ıHarb kurulsun, sorguya çekilsin."

Derken Divan-ı Harb kurulur. Böyle değerli bir insanın kurban gitmesine gönülleri razı olmayan Türk, Alman ve Avusturyalı subaylar gelip başkomutandan özür dilemesini istedilerse de Bediüzzaman; "Hayır," der. "Ben âhiret diyarına göçmek ve huzur-ı Resulullah'a varmak istiyorum. Bana bir pasaport lazımdır. Ben imanıma muhalif hareket etmem."

Ortalığı bir sessizlik sarar ve sonuç beklenmeye başlanır. Sonunda Bediüzzaman Rus Çarı ve ordusuna tahkirden idama çarptırılır.

Kararı infaz için gelen bir manga askerin başındaki subaya bayram sevinci içerisinde; "Müsaade ediniz, on beş dakika vazifemi ifa edeyim" der, abdest alıp iki rekat namaz kılarken, Nikola Nikolaviç gelip; "Beni affediniz, sizin beni tahkir için bunu yaptığınızı zannediyordum. Hakkınızda kanunî muamele yaptım. Fakat şimdi anlıyorum ki, siz bu hareketinizi imanınızdan alıyorsunuz ve mukaddesatınızın emirlerini ifa ediyorsunuz. Hükmünüz iptal edilmiş, dinî salâhiyetinizden dolayı şâyân-ı takdirsiniz. Sizi rahatsız ettim. Tekrar rica ediyorum, beni affediniz."

"Namazı kılın, zekâtı verin. Rükû edenlerle birlikte siz de rükû edin."

(Bakara Suresi, 43)

Namazın Yardımı

Bediüzzaman, Mardin'deyken bir mutasarrıfın kahrıyla, elleri bağlı, muhafız eşliğinde Bitlis'e sürülür.

Jandarmalarla yolda giderken namaz vakti gelir.

Namaz kılmak için, kayıtların açılmasını jandarmalara hatırlatır.

Jandarmalar kabul etmeyince, demir kayıtları bir mendil gibi açarak önlerine atar, jandarmalar, bu hali keramet olarak görüp hayret içinde kalırlar.

Teslimiyetle, rica ve istirham ile:

"Biz şimdiye kadar muhafızınız idik, bundan sonra hizmetçiniziz" derler.

"Namazı dosdoğru kılın, zekâtı verin. Kendiniz için her ne iyilik işlemiş olursanız, Allah katında onu bulursunuz. Şüphesiz Allah bütün yaptıklarınızı görür."

(Bakara Suresi, 110)

Namaz Cemiyeti

Bediüzzaman, bir savunmasında, "cemiyetçilik" suçlamasını cevaplarken şöyle der:

Evet, biz bir cemiyetiz ve öyle bir cemiyetimiz var ki, her asırda, üç yüz elli milyon dâhil mensupları var. Ve her gün beş defa, namazla, o mukaddes cemiyetin prensiplerine tam bir saygı ile alakalarını ve hizmetlerini gösteriyorlar ve "Müminler şüphesiz kardeştirler" kutsî programıyla birbirinin yardımına dualarıyla ve manevi kazançlarıyla koşuyorlar. İşte, biz bu mukaddes ve muazzam cemiyetin efradındanız ve özel görevimiz de, Kuran'ın hakikatlerini müminlere bildirip onları ve kendimizi sonsuz yok olmaktan ve azaptan kurtarmaktır. Diğer dünyevî, siyasî ve entrikalı cemiyet ve komitelerle ve bizi suçladıkları "cemiyetçilik" gibi asılsız ve anlamsız gizli cemiyetle hiçbir münasebetimiz yoktur ve tenezzül etmeyiz.

"Hani, biz Kâbe'yi insanlara toplantı ve güven yeri kılmıştık. Siz de Makam-ı İbrahim'den kendinize bir namaz yeri edinin. İbrahim ve İsmail'e şöyle emretmiştik: Tavaf edenler, kendini ibadete verenler, rukû ve secde edenler için evimi (Kâbe'yi) tertemiz tutun."

(Bakara Suresi, 125)

Namazda Teslimiyet

Talebelerinden Abdullah Yeğin anlatıyor:

Bir defasında Üstad Bediüzzaman "Allahu Ekber" dedi, bir el bağladı. Simasına baktım, bembeyaz kesilmişti, öyle gördüm ki, sanki ayakta canlı bir cenaze vaziyetini aldı. Öyle mahviyet içerisinde "Allahü Ekber" deyip Allah'ın huzurunda duruyor ki, ben kalbimden doğrusu Üstad'a acıdım. Ne kadar kendisini perişan ediyor. Allah'a nasıl dua ediyor. Bana o durumu çok tesir etmiştir. Daima ona benzer tekbir getirir, namaza dururdu. Kendisini kuşluk namazında o halde görmem bana çok tesir etmişti.

"Fakat onlardan ilimde derinleşmiş olanlar ve müminler, sana indirilene ve senden önce indirilene iman ederler. O namazı kılanlar, zekâtı verenler, Allah'a ve âhiret gününe inananlar var ya, işte onlara büyük bir mükâfat vereceğiz."

(Nisa Suresi, 162)

Namazla Yücelmek

Bediüzzaman talebelerinden Mustafa Sungur anlatıyor:

Üstadımızın namazı, namazdaki mazhariyeti, heybeti, huzuru ve huşuu bambaşkadır. Biz onu ifade edemeyiz. Onun namazdaki sonsuz tecellilere mazhariyetinden bizim hissettiğimiz, milyarda bir dahi olmaz. Evet bu katidir... Namaza duruşu, ilk tekbiri alışı, ellerini bağlayışı ve Cenab-ı Hak'ka dua ve tezellülü, Fatiha'yı kıraati, Fatiha'nın her bir kelimesini teker teker, cümle cümle ve bütün mertebeleriyle okuyup hissetmesindeki ve Allah'ın dergâhına takdim etmesindeki vüsat ve ulviyet, bizim gibi hiç enderlerin beyanına gelemez. Hele namaz teşehhüdündeki "Ettehiyyatu" mübarek kelimesini Cenab-ı Hak'ka takdim ederken, nasıl bütün kâinatı ruhunun eline alıp öylece arz etmesindeki kutsiyeti ifade edemeyiz. Yalnız bu hususlara dair On Beşinci Şua'da ilahî ilim bahsinde ve diğer risalelerde uzun izahlar vardır. Onun okunması mutlaka huzura da vesiledir. Aynı zamanda, "Nur Âleminin Bir Anahtarı" risalesinde de izahlar yapılmıştır. Bunun gibi eserlerinden ve üstadımızın hal ve tavrından katiyen anlaşılıyordu ki, o müstesna bir tecelliye mazhardı. Talebelerinde, hatta en ileri talebelerinde görünen haletler, üstadımıza nispetle çok cüzî kalır. Hele geceleyin 4-5 saat meşguliyeti müteakip dua vaktinde, kâinat mümessili ve göklerin ve yerin Sahibi'nin yeryüzünde en nuranî bir halifesi olduğu aşikâr belli olurdu. Onun dış âleme taşan, insanlara kurtuluş reçetesi sunan büyük şahsiyetinden başka bir kutsi ubudiyet hali, zikir ve tefekkür hali de vardır ki; herhalde Risale-i Nur hakikatlerini, bu gibi manevi miracı olan halinde iken taallüm ederdi. "Diyebiliriz ki: Said Nursî, hizmeti ile Nur eserlerinin devamlı hayat dolu neticeleriyle ve gün be gün gelişen nur cemaatinin dünyanın dört bucağındaki hizmetleriyle "Bir işe sebep olan onu yapmış gibidir' sırrıyla daima yükseliyor, terakki ediyor ve sonsuz hayat hesabına teâli ediyor. Ve Allah'ın rızasının mertebelerine doğru bir değil, binlerce kanatla uçup gidiyor, gidiyor... Ve kıyamete kadar da yükselecek, gidecek gidecek... Tâ en yüce gayeye kadar gidecektir. Üstadımız, bir gün ders esnasında, "İnsan namazda iken teşehhüt esnasında 'et-tehiyyat' derken, aynı günün vaktinde 'et-tehiyyat' diyen bütün mahlûkatın tahiyyelerini kendi namına Cenab-ı Hak'ka takdim edebilir" demişti. Ve ilaveten, "Hatta biraz daha ileri gitse, bütün zamanlardaki tahiyyat ve tesbihatları da kendi namına takdim edebilir" mealinde buyurmuştu. Yine Afyon'da namazdan sonra namaz tesbihatına temasla; "Tesbihatta, 'Sübhanallah, Elhamdülillah, Allahu Ekber' derken kalbi hüşyar bir mümin o vakitte namaz kılan, tesbihat eden milyonlar müminler cemaati arasına manen girer, onlarla beraber söyler. Hatta daha ileri gitse bütün zaman ve mekânlardaki müminlerle beraber olarak, ortada Resul-i Ekrem (sav) sağında enbiyalar, solunda evliyalar ve bütün müminler beraber tesbihat edebilir" demişti. Yine bir gün, "Ben namazdan çıkışta (Es selâmü aleyküm ve rahmetullah) dediğimde, sağımda enbiyaları, sol tarafımda evliyaları niyet ederek öyle selâm veriyorum" demişlerdi. Evet, üstadımız pek çok defa, "Benim hayatım intizamla geçmiştir." derdi. Evet, üstadımızın hayatı, hatta her yirmi dört saat günlük hayatı intizamlı idi. Gece ibadeti, teheccüd namazı ve mutlaka seher vaktinde uyanık ve tesbihatta ve duada olması daimi idi. Gece evrad okuduktan sonraki dua zamanı çok ehemmiyetli idi. Herhalde o zamanda bir vakti vardı ki, külliyet kesbedip bütün kâinatın zerreleri namına tesbih ve tahmit ederdi. Gündüz de; yemeği, risale tashihi ve ziyaretçilerle sohbeti vardı ki, hep intizamlı idi.

"Sizin dostunuz ancak Allah'tır, Resulüdür ve Allah'ın emirlerine boyun eğerek namazı kılan, zekâtı veren müminlerdir."

(Maide Suresi, 55)

Dua Bir İksirdir

Bayram Yüksel anlatıyor:

Mübarek üstadımızın Isparta'daki menzilinde baş ucunda beş metre uzunluğunda, bir metre eninde bir şecere vardı. Peygamberimizin âl-i beytinden, evradlarında isimleri olan zatların nereden geldiğini ayrı ayrı oklarla gösteriyordu.

Çok arzu etmeme rağmen saymaya bir türlü muvaffak olamadım.

Üstadımız dua ederken isim üzerine çok ehemmiyet verirdi.

Bazı Nur talebeleri, üstadımızı ziyaret ettiklerinde üstadımız isimlerini yazdırırdı.

Başucuna koyar, o ismi ezberleyinceye kadar yanında muhafaza ederdi.

Ve şöyle misal verirdi: "Nasıl ki bir yere mektup attığınızda zarfın üzerine güzel yazarsanız, gideceği yere güzel gider, dua ederken de ismiyle zikredilirse daha iyi olur" derdi.

Üstadımız, "Hem gıyabî yapılan dua daha makbul olur.

Çünkü ben senin ağzınla günah işlemedim, sen de benim ağzımla işlemedin.

Onun için gıyabî yapılan dualar daha makbul olur.

Dua bir iksirdir, toprağı gümüş yapar, gümüşü de altın yapar" derdi.

"Şeytan, içki ve kumarla, ancak aranıza düşmanlık ve kin sokmak; sizi Allah'ı anmaktan ve namazdan alıkoymak ister. Artık vazgeçiyor musunuz?"

(Maide Suresi, 91)

İmanın En Büyük Belirtisi: Namaz

Üstad, âhiret hemşireliğine kabul ettiği hanımlara ve manevi evlat ve talebeleri saydığı masum çocuklara çok dua ederdi. Kadınların şefkat kahramanı olduğunu, bu zamanda İslam terbiyesi dairesinde hareket etmenin çok gerekli olduğunu, yetişen masum evlatlarının âhiret hayatlarından sorumlu ve eğer dindar yetiştirebilirlerse hissedar bulunduklarını, kendisinin çok hasta ve perişan olup dua etmelerini istediğini, ihtiyar hanımlara dua ettiğini, genç hanımlardan da namazını kılanlara dua edip âhiret hemşiresi kabul edeceğini kısaca söylerdi. Ve zaten fazla konuşmazdı. Mübarek kadınlar, Said Nursî'nin yüksek bir hak ve hakikat yolcusu olduğunu, kalplerinin saflığıyla hissederlerdi.

Üstadın masum çocuklarla sohbeti ise, çok ibretli ve saadetlidir. Emirdağ ve civar köylerinde, yanına gelen masumlara, büyükler gibi önem verip, kalben onlara yönelirdi.

"Evlatlarım, siz masumsunuz, daha günahınız yoktur. Ben çok hastayım, bana dua ediniz, sizin duanız makbuldür. Ben sizi manevi evlat ve talebem olarak duama dâhil ettim" derdi.

O çocuklar, gözlerinden akan muhabbet nurlarıyla üstadı selâmlarlar; Üstad, gafil büyüklerden çok, onlara samimi ve ciddi selâm ederdi.

Ve, "Bunlar istikbalin Nur talebeleridir. Bana olan bu alaka ve teveccühlerinin sebebi ise, masum ruhları hissediyor ki, Risale-i Nur onların imdadına gelmiş. Ben de o Nur'un bir tercümanı olmam hasebiyle, bu fedakârâne muhabbet ve alakayı gösteriyorlar" derdi.

Üstad, yanına gelen gençlere de daima Nur derslerini okumalarını, zamanın tehlikelerinden sakınmalarının büyük menfaat ve saadetini onlara telkin ederek, namaz kılmalarını hatırlatırdı. Bu tarzdaki dersinden, belki binlerce gençler uyanmışlardır. Yine kırlarda ve yollarda rastladığı memur ve işçilere, her birisine münasip ders verir, namazın önemini anlatır ve o zaman dünyevî meşgalelerinin âhiret hesabına geçeceğini telkin ederdi.

Namazını kılıp istikametle hareket ettiği takdirde dünyevî çalışma ve gayretinin âhiret hesabına geçip ebedî saadet ve nurları netice vermesi düşüncesi, o vazifeyi ne kadar severek yapmayı temin edeceği malûmdur. İşte bu hakikati, bütün memurlar, sanatkârlar ve esnaf rehber edinmeli. Ve bu ders, herkese telkin edilmelidir.

Bu bahis, denizden bir damla gibi üstadın, saymakla bitmeyen, millete menfaattar hizmetinden bir parçadır.

Dinî farzlarını yerine getirmek suretiyle dünyevî çalışmaların da ibadet hükmüne geçtiğine dair üstadımızın yanına gelenlere verdiği derslerden birkaç örnek:

Bir gün, Eskişehir'deki Yıldız Oteli'nde bulunuyorduk. Şeker fabrikasından yanına gelen birkaç işçi ve ustabaşına kısaca şöyle dedi:

"Siz farz namazlarınızı kılsanız, o zaman, fabrikadaki bütün çalışmalarınız ibadet hükmüne geçer. Çünkü milletin zarurî ihtiyacını temin eden mübarek bir hizmette bulunuyorsunuz."

Yine bir gün, Eğridir yolu altında oturmuş, *Rehber*'i okuyorduk.

Tren yolunda çalışan birisi geldi ve üstad, ona da aynı şekilde, farzları yerine getirip, büyük günahlardan çekilmek şartıyla bütün çalışmalarının ibadet olacağını, çünkü on saatlik bir yolu bir saatte kestirmeye vesile olan tren yolunda çalıştığından müminlere, insanlara olan bu hizmetin boşa gitmeyeceğini, ebedî hayatında sevincine medar olacağını ifade etmiştir.

Yine bir gün, vaktiyle Eskişehir'de tayyâreciler ve subaylar ve askerlere de aynen şu dersi vermişti: "Bu tayyâreler, bir gün İslamiyet'e büyük hizmet edecekler. Farz namazlarınızı kılsanız, kılamadığınız zaman kaza etseniz, asker olduğunuz için her bir saatiniz on saat ibadet, bilhassa hava askeri olanların bir saati, otuz saat ibadet sevabını kazandırır. Yeter ki kalbinde iman nuru bulunsun ve imanın gereği olan namazı kılsın."

Barla, Isparta ve Emirdağ'da rastladığı çobanlara şöyle derdi:

"Bu hayvanlara bakmak büyük bir ibadettir. Hatta, bazı peygamberler de çobanlık yapmışlar. Yalnız, siz farz namazını kılınız, tâhizmetiniz Allah için olsun."

Yine bir gün, Eğridir'de, elektrik santralinin inşasında çalışan amele ve ustaya; "Bu elektriğin umum millete büyük menfaati var. O umumî menfaatten hissedar olabilmeniz için, farzınızı kılınız. O zaman bütün çaba ve emeğiniz, uhrevî bir ticaret ve ibadet hükmüne geçer" demiştir.

"Güneşin zevalinden (öğle vaktinde batıya kaymasından) gecenin karanlığına kadar (belli vakitlerde) namazı kıl. Bir de sabah namazını kıl. Çünkü sabah namazı şahitlidir."

(İsra Suresi, 78)

"Benim Bir Dua Vaktim Var"

Gece erken kalkar, teheccüd namazını kılardı.

Evradlarını, bütün dualarını sabah namazına bir saat kala bitirirdi. Ellerini Allah'ın dergâhına açar, uzun uzun dua ederdi.

Bu dua bir saat devam ederdi. O anda bizler giremezdik.

Ancak dua bittikten sonra girebildik.

Hatta, "Benim bir dua vaktim var, o anda melaike de gelse kabul etmem" demişti.

Hem "İstikbaldeki Nur Talebelerine dua ediyorum" derdi.

"İnanan kullarıma söyle, namazı dosdoğru kılsınlar, hiçbir alışveriş ve dostluğun bulunmadığı bir gün gelmeden önce kendilerine rızık olarak verdiğimiz şeylerden Allah yolunda gizlice ve açıktan harcasınlar."

(İbrahim Suresi, 31)

"Ebedî Hayatı Kazanmaya Gelmişiz"

Bediüzzaman, ibadet ve duayla meşgul olurken, saatlerce diz üstüne oturur, saygısından ayaklarını uzatmazdı. Bu şekilde oturmaktan ayak parmakları yara olmuş, nasır bağlamıştı. Talebesi Molla Resul'e parmağını göstererek bir merhem sürmek istediğini söyledi. Molla Resul kendisinden yaşça büyük, âlim ve faziletli bir zattı. Bu sırada ateş yakmaya çalışıyordu. Bediüzzaman'a; "Üstadım, biz Allahtan korkuyoruz, ama senin ödün patlıyor. Bizim gibi rahat otursan ayağın yara olmayacaktı" dedi. Bunun üzerine Bediüzzaman; "Molla Resul! Kısa ömürde, kısa dünyada, ebedî hayatı kazanmaya gelmişiz. Hem burada rahat oturayım, hem cennet dava edeyim, olmaz öyle şey! Onun için cesaret edemiyorum rahat oturmaya" diye cevap verdi.

"Gecenin bir kısmında da uyanarak sana mahsus fazla bir ibadet olmak üzere teheccüd namazı kıl ki, Rabbin seni Makam-ı Mahmud'a ulaştırsın."

(İsra Suresi, 79)

Namazın Huzuru

Mustafa Sungur anlatıyor:

Afyon'da tahliyeden sonra bir öğle vakti üstadımızla namaz kılarken dışarıda çocukların gürültülerini duyuyordum. Davul çalınıyordu.

"Acaba üstadımızın namazdaki huzuruna mani olur mu?" diye düşündüm. Çünkü Hüsrev Ağabey'in, Isparta'da bazen gaz ocağını yakıp onun sesi içerisinde namazını kıldığını görmüştüm.

"Çocukların sesleri dışarıdan geldiği için huzuruma mani oluyor. Onun için yakıyorum" demişti.

Bunun için, "Çocukların sesi, acaba üstadın da huzuruna mani olur mu?" diye düşünmüştüm.

Selâmdan sonra üstadımız, ben bir şey demeden; "Eskiden gürültüler namazıma, huzuruma mani olurdu. Fakat şimdi olmuyor" diye beyanda bulundu.

"De ki: (Rabbinizi) ister Allah diye çağırın, ister Rahman diye çağırın. Hangisiyle çağırırsanız çağırın, nihayet en güzel isimler O'nundur. Namazında sesini pek yükseltme, çok da kısma. İkisi ortası bir yol tut."

(İsra Suresi, 110)

Mum Işığında Seherin Soğuğunda

Çaycı Emin Bey anlatıyor:

Sabahları erkenden evine gidip sobasını yakardım. Yine böyle bir gün gitmiştim. Çok soğuk bir gündü, farkına varmadan sabah ezanından iki saat önce gitmiştim. Seccadenin üzerinde ibadet ediyordu. Mum ışığında, seherin soğuğunda, hazin bir sesle dua ediyor, için için yalvarıyordu. Ben heyecan içerisinde tam bir buçuk saat ayakta bekledim. Bu ulvî hali titreyerek, ürpererek seyrettim.

"Onları bizim emrimizle doğru yolu gösteren önderler yaptık ve kendilerine hayırlar işlemeyi, namazı dosdoğru kılmayı, zekâtı vermeyi vahyettik. Onlar sadece bize ibadet eden kimselerdi."

(Enbiya Suresi, 73)

"Cemaati Terk Etmesinler"

Bediüzzaman hazretleri Rus esaretinden dönerken gözüne bir inek ilişir. Ve ineğin kendisini insanların olduğu bir yere götüreceğini düşünerek peşine takılır. İnek bir mağaranın önüne gelir ve orada durur. (Bundan sonrasını Üstadın ağzıyla aktarıyorum.) "Bre hayvan sen burada niçin durursun?" deyip düşünürken mağaradan bir yaşlı zat çıktı. Bu bir pîr-i fâniabid, beni ismen cismen biliyordu. Bana; "Hoş geldin, ehlen ve sehlen" dedi. Beni kaldığı mağaraya aldı ve dedi ki: "Benim ekmeğim falan yok! Kış yaz bu ineği sağar, sütünü içerim." Bana da süt sağıp getirdi. O güne kadar böyle lezzetli süt içmemiştim. O gece orada kaldım. Bana dedi ki: "Sen Türkiye'ye gidersin. Türk kardeşlerime çok selâm et. Başlarında çok musibetler, felaketler var. Üç şeye riayet etsinler: Biri, Kuran dersine; biri, Ezan-ı Muhammedi'yi yüksek sesle okumaya; biri de cemaatten ayrılmasınlar."

"Onlar, Allah anıldığı zaman kalpleri ürperen, başlarına gelen musibetlere sabreden, namazı dosdoğru kılan ve kendilerine rızık olarak verdiklerimizden Allah yolunda harcayan kimselerdir."

(Hac Suresi, 35)

Mübarek Gecelerde Namaz

Bayram Yüksel anlatıyor:

Bediüzzaman, mübarek geceleri ihyâ ettirir, uyumaz ve talebelerini de uyutmazdı.

Uyuyanları ibrikle su dökerek uyandırırdı.

Ayrıca Ramazan'ın on beşinden sonra da uyutmazdı.

Kendisi de mübarek gecelerde ve Ramazan'ın son on beş gününde uyumazdı. Birbirine edilen gıyabî dualara ehemmiyet veriyordu.

Sabah namazından bir saat evvel başladığı duada beş metre uzunluğunda ve bir metre genişliğinde kâğıda yazılı şecerede bulunan isimlere bağışlıyordu.

Mübarek zatların hepsine dua ediyordu.

Buyururlardı ki, "Nasıl zarfın üzerine isim yazılınca adrese kolay gider; aynen öyle de, birbirinize ismen dua ederseniz, o zarftaki gibi olur ve yerine gider" derdi. Sabah namazını Şafii mezhebine göre, yani biraz erken kılardı.

Ağabeyler o zaman namazlarını ayrı kılarlar ve sonra zile basılınca yanına giderlerdi.

O zaman, "tesbihatı yapıp yapmadıklarını" sorar, yapmamışlarsa "yapmalarını" söylerdi.

Eğer namazı beraber kılmışlarsa "La İlahe İllallah" çekilinceye kadar, kimseyi bırakmazdı. Emirdağı'na üç kilometre kalsa bile namaz vakti girince arabayı durdurup, hemen evvel vaktinde namazını eda ediyordu.

"Risale-i Nur'u evrad makamında da okuyabilirsiniz!" diyordu. Abdest aldıktan sonra yaş ayakla yere basmaz, hemen çorap giyerdi.

Namaza duracağı esnada da çoraplarını çıkararak çıplak ayakla namaz kılardı. İki rekât teheccüd ve duha namazlarını kar kış demez, asla terketmezdi. Bir gün onun arkasında cemaat olacağım zaman, "Niyet ettim Mehdi'ye!" diye uydum.

Üstad da namaza niyet etti, fakat tekbir alıp namaza başlamıyordu.

Sonra yine niyet etti. Ben de içimden niyet ettim, "Uydum Mehdi'ye" diye.

Üçüncüde de niyetimi aynen böyle tekrarlayınca, dönerek,

"Keçeli, niyetini değiştir!" dedi. Ben de normal niyet ettim, sonra namaza başladı. İntikal tekbirlerinde elleri-

kaldırmazdı. Dört olan sünnetleri iki rekat kılardı. Sabah namazlarını vakt-i evvelinde tek kılar, kunut duasını da okurdu.

Talebeler ise, Tahirî Ağabey'in imametinde ondan bir saat sonra kılarlardı. İmam arkasında Fatiha'yı okur ve bize de okumamızı söylerdi.

"Onlar öyle kimselerdir ki, şayet kendilerine yeryüzünde imkân ve iktidar versek, namazı dosdoğru kılar, zekâtı verir, iyiliği emreder ve kötülüğü yasaklarlar. Bütün işlerin akıbeti Allah'a aittir."

(Hac Suresi, 41)

"İman Uhud Dağı, Kusurlar Çakıl Taşları"

Muhiddin Yürüten anlatıyor: Eskişehir'de Şeyh Akif isimli bir zatın etrafında toplanmış, Akifîler diye bir grup vardı. Kendilerinden başka kimseye selâm vermezlerdi. Ben Şeyh Akif'e rastladığımda selâm verirdim, fakat selâmımı almazdı. Onun bu durumu benim çok canımı sıkıyordu.

Doğruca Bediüzzaman'a gidip onları şikayet ettim:

"Üstadım, burada bir tarikat şeyhi var. Ne kendisi ve ne de talebeleri, kendilerinden başkasının selâmlarını almıyorlar" dedim. Bediüzzaman Hazretleri hiddetle,

"Bu zat namazı emrediyor mu?" dedi.

Ben de cevaben, "Evet üstadım, bu zat namazı emrediyor. Hem de tadil-i erkân üzere namaz kıldırıyor" dedim.

"Öbür tarafını bırak. İman, Uhud dağı, kusurlar çakıl taşları gibidir.

İnsanın kusuru ne olursa olsun, imanı varsa başka kusurlarına bakılarak tenkit sebebi yapılmaz" diye karşılık verdi.

"Allah uğrunda hakkıyla cihad edin. O sizi seçti ve dinde üzerinize hiçbir güçlük yüklemedi. Babanız İbrahim'in dinine uyun. Allah sizi hem daha önce hem de bu Kuran'da Müslüman diye isimlendirdi ki, Peygamber size şahit (ve örnek) olsun, siz de insanlara şahit (ve örnek) olasınız. Artık namazı dosdoğru kılın, zekâtı verin ve Allah'a sarılın. O sizin sahibinizdir. O ne güzel sahip, ne güzel yardımcıdır!"

(Hac Suresi, 78)

Mahkeme Salonunda Namaz

Hüseyin Kileci anlatıyor:

1952'de, şimdiki Büyük İstanbul Postanesi'nin olduğu binada Gençlik Rehberi mahkemesi vardı. Büyük izdihamın yaşandığı bu mahkemede, salona giren şanslılar arasında biz de vardık.

Vakit uzayınca, Üstad Bediüzzaman farz namazı kılmak için mahkemeye kısa bir müddet ara verilmesi isteğini hâkime söyledi.

Hâkim, "Hayır, ara vermiyoruz. Siz daha sonra kaza edersiniz" diye karşılık verdi.

Üstad Hazretleri ise, mahkeme heyetinin şaşkın bakışları arasında, yanında taşıdığı seccadeyi açıp kıbleye doğru serdiği gibi, celalli bir duruş ile "Allahuekber" diyerek namaza durdu.

Bu durumda kimsenin yapabileceği bir şey yoktu.

Üstad namazın farzını kıldıktan sonra, mahkemedeki duruşmaya kaldığı yerden devam edildi.

"Allah'ın, yüceltilmesine ve içlerinde adının anılmasına izin verdiği evlerde hiçbir ticaretin ve hiçbir alış verişin kendilerini, Allah'ı anmaktan, namazı kılmaktan, zekatı vermekten alıkoymadığı birtakım adamlar buralarda sabah akşam O'nu tesbih ederler. Onlar, kalplerin ve gözlerin dikilip kalacağı bir günden korkarlar."

(Nur Suresi, 37)

Barla Geceleri

Üstadın Barla'daki ikametgâhı, iki odadan ibaret bir evdir. Esasen, müstakil bir evi ve yeryüzünde taht-ı tasarruf ve temellükünde bir karış yeri dahi yoktur. Barla'da sekiz sene müddetle ikamet ettiği ev, üç yüz elli milyon ehl-i İslam'ın merkezi hükmünde ilk dershane-i Nuriyesi'dir. Bu dershane-i Nuriye'nin altında, daimi akan bir çeşme vardır ve önünde dershane-i Nuriye'ye bitişik çok kalın ve üç sütun halinde semaya yükselen gayet muhteşem bir çınar ağacı vardır. Çınar ağacının dalları arasında bir kulübecik yapılmıştır. Burası, Hazret-i Üstadın bahar ve yaz mevsimlerindeki istirahatı ve vazife-i tefekküriye ve ubûdiyeti için en münasip bir menzildir. Üstadın sıddık hizmetkârları, talebeleri ve Barla ahalisi diyorlar ki: "Üstadı, geceleri, dershane-i Nuriye'nin önündeki bir şecere-i mübareke olan çınar ağacının dalları arasında bulunan kulübecikte, sabahlara kadar tesbihat ile ezkâr ile terennüm eder görürdük. Hele bahar ve yaz mevsimlerinde bu muhteşem ağacın binlerce dalları arasında şevk ve cezbe içinde uçuşan kuşlar arasında Üstadın böyle sabahlara kadar çalışmasını görürdük de; ne zaman uyur, ne zaman kalkar, bilemezdik." Üstad çok hasta olur, çok vakitleri de hastalık ve sıkıntı ile geçerdi. Pek az yer; o da bir parça çorba gibi mahdut bir şeydi. Geceleri, Kuran-ı Kerim'den vird edindiği sureleri ve Resul-i Ekrem Aleyhis salâtü Vesselâm'ın münacat-ı meşhuresi olan "Cevşenü'l-Kebîr" namındaki münacatını ve Şah-ı Geylanî ve Şah-ı Nakşibend gibi eazım-ı evliyanın münacat ve hizblerini ve salâvat-ı Nuriyeleri ve bilhassa Risale-i Nur'un menbaı olan "Hizbü'n-Nuriye"yi ve ayât-ı Kuraniye'nin lemeatı olan ve bir silsile-i tefekkür bulunan ve Yirmi Dokuzuncu Lem'ada cem edilen hizb ve münacatları okur, bunları tamam edince de yine Risale-i Nur'la meşgul olurdu. Gündüzleri ise, daima Risale-i Nur'un mütalaası ve tashihi ile meşgul olur; Risale-i Nur hizmetini her şeye tercih eder, Risale-i Nur'a ait yetişecek acele bir iş zamanında diğer meşguliyetlerini bırakır, evvela o işi tamamlardı.

"Onlar ki, namazlarında derin saygı içindedirler."

(Müminun Suresi, 2)

Kırlarda Namaz

Talebelerinden Bayram Yüksel anlatıyor:

"Kırlara gittiğimizde en yüksek yerlere çıkardı.

Bazen yüksek ağaçların ve taşların başına çıkardı.

Namaz kılarken de yüksek taşların başını tercih ederdi.

Kırlarda cemaatle namaz kıldığımızda bizlere imamlık ederdi.

Namaz vakti girdiğinde muhakkak ezan okuturdu.

Üstadımız bizlere;

'Sizlerdeki gençlik bende olsa, şu dağlardan inmem' derdi.

Daima kitab-ı kebir-i kâinatı mütalaa ederdi."

"Kuran, namazı dosdoğru kılan, zekâtı veren ve âhirete de kesin olarak inanan müminler için bir hidayet rehberi ve bir müjdedir."

(Neml Suresi, 3)

Kuran'ı Tefekkürle Okumak

Bir talebesi anlatıyor:

Mehmed Feyzi Ağabey'in üstadın yanında sükûti bir hali vardı.

Üstadın emrini yerine getiriyordu.

Kastamonu'da iken ikindi namazından sonra üstadın ona Amme Suresi'ni okutması hiç aklımdan çıkmıyor.

Güzel kıraati ve sesi ile çoklarımıza Kuran okuma şevkini ve dinleme zevkini vermişti.

O, Kuran'ı ibadet için, tefekkür için okur, gösterişten kaçardı, olgun bir hafızdı.

"Namaza kalktığında seni ve secde edenler arasında dolaşmanı gören; mutlak güç sahibi, çok merhametli olan Allah'a tevekkül et."

(Şuara Suresi, 219)

Namazı Vaktinde Kılmak

Mesnevi-i Nuriye'de şöyle denilir: "Vaktin evvelinde, Kâbe'yi hayalen nazara almakla namaz kılmak mendubdur ki, birbirine giren daireler gibi Beyt'in etrafında teşekkül eden safları görmekle, yakın saflar Beyt'i ihata ettikleri gibi, en uzak safların da âlem-i İslam'ı ihata etmiş olduğunu hayal ile görsün." Rahmetli Bayram Yüksel, üstadın namazıyla ilgili şöyle anlatır: "Üstadımız, namazı çok huşu içinde kılardı. Sureleri okurken tane tane okurdu. Namaza dururken, tam huzura vardığında, niyet ederken, `Allahü Ekber` dediği zaman, bizler arkasında korkardık. Mübalağa olmasın, ahşap bina sarsılırdı." "Üstadımız namaz vaktine çok dikkat ederdi. Namazı vaktinde kılardı. Meselâ, Isparta`dan çıktığımızda, Emirdağ'a beş dakika sonra varacak olsak bile, üstadımız saate bakar, kış, fırtına olsa beklemez, hemen namazı vaktinde kılardı. Kırlarda olsun, yolculukta olsun, namazı vaktin evvelinde kılardı." Bu mevzuda kendisi şöyle der: "Namazı vaktinde kılmanın ne derece tükenmez, uhrevî bir sermaye olduğu anlaşılıyor ki, her namaz vaktinde âlem-i İslam denilen muazzam camide, yüz milyondan fazla cemaat-ı kübra namaz kılıyor. O cemaatte her bir adam umum cemaate dua ediyor. 'İhdina's-sırata'l-müstakim.` (Bizi doğru yola hidayet eyle) diyor. Her biri umum cemaate hem şefaatçi, hem duacı olur. O vakit, namaza iştirak etmeyen hissesini alamaz. Kaynayan mirî ve askerî kazanına karavanasını götürmeyen, tâyinatını alamadığı gibi, cemaat-ı kübranın manevi matbahında kaynayan manevi erzakını alamaz. Belki namaza iştirakle o cemaatin ordusuna iştirak etmiş olmakla ve dualarına âmin demek olan namazı vaktinde kılmakla alabilir."

"Allah'a yönelmiş kimseler olarak yüzünüzü hak dine çevirin, O'na karşı gelmekten sakının, namazı dosdoğru kılın ve müşriklerden; dinlerini darmadağınık edip grup grup olan kimselerden olmayın. (Ki onlardan) her bir grup kendi katındaki (dinî anlayış) ile sevinip böbürlenmektedir."

(Rum Suresi, 32)

Bediüzzaman'dan Bazı Tavsiyeler

Zübeyir Gündüzalp aktarıyor:

Bediüzzaman'dan bâzı tavsiyeler:

Dokuzuncu Söz'ü ve Onbeşinci Şuâ'yı sık sık okumak.

Subhanallah, Elhamdülillah ve Allahuekber'in manalarını ezberlemek ve namazda hatırlamak.

Namaza dururken Kâbe'yi hatırlamak.

Namazları ilk vakitte kılmak.

Namazda geçen ayet ve duaların manalarını hatırlamak.

Tadîl-i erkâna çok dikkat etmek.

Tesbihatı ne çok yavaş ne de süratli yapmak, manaları hatırlamak.

Dua ederken elleri omuz hizasında tutmak.

Yatarken "Âyet-ül Kürsî" okumak.

"Namazı dosdoğru kıl. İyiliği emret. Kötülükten alıkoy. Başına gelen musibetlere karşı sabırlı ol. Çünkü bunlar kesin olarak emredilmiş işlerdendir."

(Lokman Suresi, 17)

Tesbihatın Tane Tane Okunması

Bayram Yüksel anlatıyor:

Üstad namazdan sonra "Sübhanallah, Elhamdülillah Allahuekber"i kati surette terk ettirmezdi.

Bir gün Ceylan Ağabey'in "Sub. sub. sub..." şeklinde hızlı okumasına kızarak,

"Nedir bu sub. sub. sub... Subhanalllah, Subhanallah..." şeklinde tane tane, tefekkürle söylememizi istemişti.

"Onlar namazlarını titizlikle koruyan kimselerdir."

(Mearic Suresi, 34)

Abdulkadir Geylanî'nin Emri

Bediüzzaman Tillo'dayken, bir gece Şeyh Abdülkadir-i Geylanî Hazretlerini (ks) rüyasında görür. Geylanî hazretleri (ks) kendisine hitaben:

"Molla Said! Mîran aşireti reisi Mustafa Paşa'ya gidiniz ve kendisini tarik-ı hidayete davet ediniz; yaptığı zulümden vazgeçerek, namaza ve emr-i marufa müdavim olmasını tavsiye ediniz. Aksi takdirde öldürünüz."

Molla Said, bu rüyayı görür görmez, hemen tedarikini yaparak Mîran aşiretine doğru Tillo'dan hareket eder; doğruca Mustafa Paşa'nın çadırına girer. Paşa orada bulunmadığından, biraz istirahat eder.

Sonra Mustafa Paşa içeri girer. Orada hazır olanların hepsi kıyam ettikleri halde, Molla Said yerinden bile kımıldanmaz. Paşa'nın nazar-ı dikkatini celb edince, aşiret binbaşılarından Fettah Bey'den kim olduğunu sorar. Fettah Bey, meşhur Molla Said olduğunu bildirir. Halbuki, Paşa ulemadan hiç hoşlanmazdı. Şüphesiz, bunun üzerine daha fazla kızmış ise de izhar etmemişti. Molla Said'e ne için buraya geldiğini sorunca, Molla Said cevaben; "Seni hidayete getirmeye geldim. Ya zulmü terk edip namazını kılacaksın veyahut seni öldüreceğim" demesinden, Paşa hiddetlenerek dışarı çıkar. Biraz dolaştıktan sonra yine çadıra girer ve Molla Said'e ne için geldiğini tekrar sorar.

Molla Said; "Sana söyledim ya, onun için geldim" der.

Mustafa Paşa, çadırın direğinde asılı bulunan Said'in kılıcına işaret ederek,

"Bu pis kılıçla mı?"

Bediüzzaman, "Kılıç kesmez, el keser" cevabında bulunur.

Mustafa Paşa tekrar dışarıya çıkarak, biraz gezindikten sonra içeriye girer. Bediüzzaman'a:

"Benim Cezire'de çok âlimlerim var; eğer hepsini ilzam edebilirsen senin dediğini yaparım, eğer ilzam edemezsen seni Fırat Nehri'ne atarım."

Molla Said; "Bütün ulemayı ilzam etmek benim haddim olmadığı gibi, beni de nehre atmak senin haddin değildir. Fakat ulemaya cevap verince sizden bir şey isterim ki; o da mavzer tüfeğidir. Şayet sözünde durmazsan, seni onunla öldüreceğim." der.

Bu muhavereden sonra Paşa ile birlikte atlarla Cezire'ye giderler. Yolda, Paşa katiyen Molla Said'le konuşmaz. Bani Hanı dedikleri mevkie gelince, yorgunluğundan, Molla Said orada biraz yatar. Uykudan uyanır uyanmaz, etrafında bütün Cezire âlimlerinin kitapları ellerinde beklediklerini görür. Biraz görüştükten sonra çay ikram edilir.

Cezire âlimleri, Molla Said'in şöhretini işittikleri için, hayran bir vaziyette, çaylarını bile unutarak, Molla Said'in sualine intizar etmekte idiler. Molla Said ise kendi çayını içtikten sonra dalgın dalgın karşısında bulunan bir-iki âlimin çayını da içer; onlar fark edemezler.

Mustafa Paşa, hocalara hitaben:

"Ben okumuş değilim; fakat Molla Said ile mücadelenizde mağlup olacağınızı şimdi anlıyorum. Zira bakıyorum ki siz düşünmekten çaylarınızı unuttuğunuz halde, Molla Said kendi çayını içtikten başka, iki-üç bardak da sizin çayınızı içti."

Bunun üzerine, biraz latife ettikten sonra, Molla Said bu âlimlere karşı; "Efendiler, bendeniz vadetmişim, hiç kimseye sual sormam. Binaenaleyh, suallerinizi bekliyorum." der.

Bu hocalar kırk kadar sual sorarlar. Hepsine cevap verdikten sonra, her nasılsa, Molla Said bir sualin cevabını yanlış söylediği halde, karşısındakiler doğru telakki ederek tasdik etmişlerdi. Meclis dağılınca Molla Said hatırlar, hemen arkalarından koşarak, "Affedersiniz, bir sualin cevabını yanlış söylediğim halde, farkına varmadınız" diyerek, cevabını tashih eder.

Hocalar dediler:

"İşte şimdi hakkıyla bizi tam ilzam ettiniz."

Sonra, o hocalardan bir kısmı Molla Said'den ders almaya gelirler. Bundan sonra Mustafa Paşa, ahdettiği mavzer tüfeğini hediye eder ve namaz kılmaya başlar.

"Yeryüzünde sefere çıktığınız vakit kâfirlerin size saldırmasından korkarsanız, namazı kısaltmanızdan ötürü size bir günah yoktur. Şüphesiz kâfirler sizin apaçık düşmanınızdır. (Ey Muhammed!) Cephede sen de onların (müminlerin) arasında bulunup da onlara namaz kıldırdığın vakit, içlerinden bir kısmı seninle beraber namaza dursun. Silahlarını da yanlarına alsınlar. Bunlar secdeye vardıklarında (bir rekât kıldıklarında) arkanıza (düşman karşısına) geçsinler. Sonra o namaz kılmamış olan diğer kısım gelsin, seninle beraber kılsınlar ve ihtiyatlı bulunsunlar, silahlarını yanlarına alsınlar. İnkâr edenler arzu ederler ki, silahlarınızdan ve eşyanızdan bir gafil olsanız da size ani bir baskın yapsalar. Yağmurdan zahmet çekerseniz ya da hasta olursanız, silahlarınızı bırakmanızda size bir beis yoktur. Bununla birlikte ihtiyatlı olun (tedbirinizi alın). Şüphesiz Allah inkarcılara alçaltıcı bir azap hazırlamıştır. Namazı kıldınız mı, gerek ayakta, gerek otururken ve gerek yan yatarak hep Allah'ı anın. Güvene kavuştunuz mu namazı tam olarak kılın. Çünkü namaz, müminlere belirli vakitlere bağlı olarak farz kılınmıştır."

(Nisa Suresi, 101-103)

Yolda Namaz

Bediüzzaman'ın çeşitli tertip ve suçlamalarla 1935 senesinde Eskişehir Ağır Ceza Mahkemesi'nde, idam kastıyla ve mahkûm edilmesi direktifiyle hakkında dava açtırılıyor.

Bunun üzerine, Dâhiliye Vekili ve Jandarma Genel Kumandanı, donatılmış edilmiş askerî bir kara parçasıyla birlikte Isparta'ya geliyorlar.

Isparta-Afyon yolu boyunca atlı askerler yerleştiriliyor.

Isparta vilayeti askerî birliklerle kontrol altında bulunduruluyor. Bir sabah vakti, Bediüzzaman inziva yerinden çıkarılarak, talebeleriyle beraber, elleri kelepçeli olarak kamyonlarla Eskişehir'e sevk ediliyor.

Yolda, Bediüzzaman ve talebelerine yakın bir ilgi duyan Müfreze Kumandanı Ruhi Bey, kelepçeleri çözdürüyor.

Bu şekilde, namazlar kazaya bırakılmadan yola devam ediliyor.

"Namazlarında huşû sahipleridir onlar."

(Müminun Suresi, 2)

Namazda Huşû Ve Hüzün

Bediüzzaman'a 1924-25'lerde Van'da hizmet eden talebesi Molla Hamid Efendi, üstadın namazını şöyle anlatıyor:

Allahüekber der demez, boynu düştü, kendisine bir hal geldi. Ben içimden diyordum ki; "Bunda bildiğimiz hoca kılığı yoktur ama bu ne haldir ki..."

Bir hayret ve dehşet içinde kaldım.

Neyse namazı kıldık, tesbihata başladık.

Derdi ki;

"Namazın sonundaki tesbihat namazın tohumu, çekirdekleri hükmündedir."

Hazin bir sada ile bizden çok ağır bir şekilde tesbihat yapıyordu.

"Sübhanallah, Sübhanallah..." diye, çok içten ve yavaş tesbihat yapardı.

Biz âdeta "sübb.. sübb.. sübb..." diyoruz.

Ben çok namaz kılanlar gördüm.

Fakat böyle hazin, huşû içinde, heyecan verici bir tarzda namaz kılan görmedim.

"Hiç kuşkun olmasın, Rabbin senin durumunu biliyor. Gecenin üçte ikisinden daha azını, yarısını, üçte birini ayakta geçiriyorsun. Seninle beraber olanlardan bir grup da öyle. Allah, geceyi de gündüzü de ölçüye bağlamıştır. Sizin onu kuşatamayacağınızı bildi de size tövbe nasip etti. O halde Kuran'dan, kolay geleni okuyun. Sizden hastalar olacağını bildi. Bir kısmının yeryüzünde dolaşıp Allah'ın lütfundan bir şeyler isteyeceklerini, diğer bir kısmının da Allah yolunda çarpışacaklarını bildi. O halde Kuran'dan, kolay geleni okuyun! Namazı kılın! Zekâtı verin. Güzel bir ödünçle Allah'a ödünç verin! Öz benlikleriniz için önden gönderdiğiniz iyiliğin, Allah katında hayrını daha çok, ödülünü daha büyük olarak bulacaksınız. Allah'tan af dileyin. Hiç kuşkusuz, Allah çok affedici, çok esirgeyicidir."

(Müzemmil Suresi, 20)

Seherden Sonra

Bir talebesi anlatıyor:

Üstad seher namazını eda ettikten sonra, bir bardak limonlu çay içerdi.

Hz. Üstadımız her ne zaman olursa olsun, çaya ve limon konulacak yemeklere limon damlatırdı. Üstadımız Bediüzzaman hazretleri asıl yemeği kuşluk zamanında yerdi.

Öğle vakti pek az, birkaç lokma bir taam alırdı. İkindi namazından evvel asıl yemeği yerdi. Ancak akşam namazından sonra okuyacağı esnada limonlu bir bardak çay içerdi.

Yatsı namazından sonra Resul-i Ekrem'e (sav) imtisalen hemen yatardı.

Yatmadan evvel küçük bir lokmacık taam yerdi.

Sonra "Âyetü'l-Kürsî" yi okur, yatardı.

Seher vaktinden çok evvel kalkar, evradını okurdu, sabah namazından evvel veya sonraya kadar.

Sabah namazını erken eda ederek yanında bulunan hizmetkârlarına, basılan kitaplardan ders yaptırır, kendisi de eski hurufla yazılı aslından takip ederdi.

Üstad hazretleri çorba olarak pirinç ve şehriye yerdi.

İçine yumurta kırdırırdı. (Bunu 75 yaşından sonra yerdi. Yemeğin üzerine 4-5 habbe üzüm yerdi. Her habbeyi yiyişinde Besmele okurdu. 75-80 yaşlarında ömrünün sonuna kadar gördüğüme göre, kabuklarını soyar, çekirdeklerini çıkarır, yanındaki hizmetkârlarına lütuf ederdi.

"Ve bunlar, namazlarını-dualarını korurlar."

(Mearic Suresi, 34)

Gece Virdi

Bir talebesi aktarıyor:

Üstadın bulunduğu koğuşa gittiğimizde arı kovanı gibi seslerin geldiğini duyardık.

Bu sesler üstadımızın evrad, ezkâr dua ve niyaz sesleri idi.

Gecenin hangi saatinde baksak ışığının yandığını görür, zikir sesleri işitirdik.

Devamlı üstadımızı düşünür, her fırsatta ziyaret edip elini öpmek, duasını almak isterdik.

"Rabbinin adını anmış, namaz kılıp da dua etmiştir o."

(A'la Suresi, 15)

Hastalık Anında Namaz

Bir siyasî memurun iğfali ve "İmhası için yukarıdan emir aldık" demesine aldanan bir bekçibaşı, üstadın penceresine geceleyin merdivenle çıkarak yemeğine zehir atmış; ertesi gün üstad zehirlenerek kıvranmaya başlamıştır. Zehrin tesiri çok olduğu halde; kendisi, "Cevşenü'l-Kebîr" gibi kutsi virtlerini feyziyle ölümden muhafaza olunuyorum. Fakat hastalık, ıztırap çok şiddetlidir" derdi. Bir hafta kadar aç, susuz denecek bir halde perişan bir vaziyette inlemiş, sonra Allah'ın izniyle şifa bulup, tekrar tashih gibi Risale-i Nur vazifeleriyle meşgul olmaya başlamıştı. Bu şiddetli hastalık zamanlarında asla namazlarını terk etmedi. Yalnız, ikinci ve üçüncü zehirlenmek zamanında, tahammülü imkânsız bir hastalıkta iki üç gün farzını yatağında ancak kılabildi. Ölüm tehlikesi geçirdiği günlerde, bir gece sabaha kadar yanında nöbet bekleyip gözyaşları içinde üstada dikkat eden iki talebesi diyor: "Sabaha yakın, gözleri kapalı olduğu halde doğruldu, ellerini dergâh-ı ilahîyeye açıp, yavaş bir sesle, birkaç kelime ile Risale-i Nur hizmetinin inkişafına ve talebelerinin selâmetine dua etti. Sonra bayılmış vaziyette yatağa düştü." Hizmetini, sıra ile iki üç genç talebesi îfa ederdi. Bir müddet onlar da men edilmişse de, çalışkan talebeleri, hizmetinden asla vazgeçmeyerek yüksek bir fedakârlık gösterdiler. Emirdağ'ının resmî büyük bir memuru, bilâhere Nur'un kahraman bir talebesi olan arkadaşına; "Gizlice Said Nursî'nin imhası için, gizli bir plân ve emir var!" demiştir. İşte Üstada yapılan bütün muameleler, böyle bir plânın neticesi olarak cereyan etmiştir. Bir-iki defaya münhasır değil, uzun seneler müddetince, daimî olduğu için, yapılan zulüm, tarassud ve manevi baskı çok elim ve acı idi. Üstad, ilk iki sene, Çarşı Camii'ne gider, cemaate iştirak ederdi. Ekser günler ikindi namazını camide kılar ve yatsıya kadar orada kalır, sonra evine gelirdi. İki sene böyle devam etti. Sonra, kaymakam, insanlarla görüşüyor diye, camiden menetti. Emirdağ'ında ikameti zamanında, başta Isparta olarak çok yerlerde Nur Risaleleri el yazısıyla çoğaltılıyordu. Risaleleri okuyup istifade edenlerden, üüstadı görmeye gelenler pek çoktu. Fakat ziyarete gelenlerden az bir kısmı görüşebilmeye muvaffak olurdu. Daha çok Risale-i Nur'a sadakat ve ihlasla hizmet etmeye kabiliyetli olanlar ve sırf Allah için muhabbet ve kardeşlik taşıyanlar görüşebilir, üstadın dersini, sohbetini dinleyebilirdi.

"Ki onlar namazı kılarlar, zekâtı verirler. Ve onlar âhirete de gözle görmüşçesine inanırlar."

(Lokman Suresi, 4)

Namazda Heybet

Talebesi Refet Barutçu, Bediüzzaman'ın namazına ilişkin anılarında şöyle der:

Üstad namaz vakitlerini hiç geçirmez, vakit girince hemen namazını eda ederdi.

Kendisi namaza dururken biz arkasında çok heyecanlanırdık.

Heybet ve huşû içinde huzura bir girişi vardı ki, tarifi mümkün değil.

"İlahi Ya Rab!.. İlahi Ya Rab!.. İlahi Ya Rab!.. Allahu Ekber!" diyerek sarsılır ve haşyet içinde sallanarak, süratle namaza girerdi.

Biz arkasında korkardık, ürperirdik.

"Öyle erler vardır ki, bir ticaret de bir alış-veriş de onları Allah'ın zikrinden / Kuran'ından, namaz kılmaktan, zekât vermekten alıkoyamaz. Onlar, kalplerle gözlerin döneceği / yer değiştireceği günden korkarlar."

(Nur Suresi, 37)

Zorunlu Namaz

Bir mecliste şöyle soruldu: "Musibet, cinayetin neticesi, mükâfatın başlangıcı mıdır. Hangi fiiliniz ile kadere fetva verdirdiniz ki, şu musibetle hükmetti. Genel musibet çoğunluğun hatasına sıralanır. Hazırda mükâfatınız nedir?" Dedim ki:

"Başlangıcı İslam'ın temel şartlarındaki üç önemli ihmalimizdir: Namaz, oruç, zekât. Çünkü yirmi dört saatten yalnız bir saati, beş namaz için Allah bizden istedi; tembellik ettik. Beş sene, yirmi dört saat öğrenerek, zahmetle, bir tür namaz kıldırdı. Hem, senede yalnız bir ay oruç için nefsimizden istedi; nefsimize acıdık. Kefaret olarak, beş sene oruç tutturdu. 'On'dan, ya 'kırk'tan yalnız biri, ihsan ettiği maldan zekât istedi; cimrilik ettik, zulmettik; O da bizden birikmiş zekâtı aldı. Şimdiki ödülümüz ise; günahkâr bir milletten, beşte biri olan dört milyonu velayet derecesine çıkardı; gazilik, şahitlik verdi. Ortak hatadan meydana gelen ortak musibet, geçmiş günahını sildi."

"Ailene namazı emret, kendin de ona sabırla devam et! Biz senden rızık istemiyoruz. Seni biz rızıklandırıyoruz. Sonuç takvanındır!"

(Taha Suresi, 132)

Hapiste Namaz

Bediüzzaman'ı halk, iki-üç defa muhtelif camilerde sabah namazında görür. Savcı işitir; hapishane müdürüne pürhiddet, "Bediüzzaman'ı sabah namazında dışarıya, camie çıkarmışsınız" der. Tahkikat yapar ki, üstad hapishaneden dışarıya katiyen çıkarılmamış. Eskişehir Hapishanesi'nde iken de, bir Cuma günü, hapishane müdürü, kâtip ile otururken bir ses duyuyor: "Müdür Bey! Müdür Bey!" Müdür bakıyor; Bediüzzaman yüksek bir sesle: "Benim mutlaka bugün Ak Cami'de bulunmam lazım." Müdür, "Peki Efendi hazretleri" diye cevap veriyor. Kendi kendine; "Herhalde Hoca Efendi kendisinin hapiste olduğunu ve dışarıya çıkamayacağını bilemiyor" diye söylenir ve odasına çekilir. Öğle vakti, Bediüzzaman'ın gönlünü alayım, Ak Cami'e gidemeyeceğini izah edeyim düşüncesiyle üstadın koğuşuna gider. Koğuş penceresinden bakar ki, Bediüzzaman içeride yok! Hemen jandarmaya sorar; "İçeride idi; hem kapı kilitli" cevabını alır. Derhal camie koşar. Bediüzzaman'ın ileride, birinci safta, sağ tarafta namaz kıldığını görür. Namazın sonlarında Bediüzzaman'ı yerinde göremeyip, hemen hapishaneye döner; Hazret-i Üstadın "Allahü Ekber" diyerek secdeye kapandığını hayretler içerisinde görür. (Bu hadiseyi bizzat o zamanki hapishane müdürü anlatmıştır).

"Ey iman sahipleri! Sabra ve namaza sarılarak yardım dileyin. Hiç kuşkunuz olmasın ki, Allah sabredenlerle beraberdir."

(Bakara Suresi, 153)

"Namazın Kerameti"

Molla Said çok genç yaşta iken siyasî hayata atılır, vatan ve millete hizmete başlar.

İlk siyaset hayatına Mardin'de başlamıştır.

Bunun üzerine bir sorumlunun kahretme amaçlı uygulamasıyla, elleri bağlı, muhafız nezaretinde Bitlis'e nakledildi.

Jandarmalarla yolda giderken namaz vakti gelir. Namaz kılmak için, kelepçelerin açılmasını jandarmalara hatırlatır.

Jandarmalar kabul etmeyince, demir kelepçeleri bir mendil gibi açarak önlerine atar. Jandarmalar, bu hali keramet addedip hayretler içinde kalırlar.

Teslimiyetle, özür dileyerek,

"Biz şimdiye kadar muhafızınız idik, bundan sonra hizmetçiniziz!" derler.

Bir gün Bediüzzaman'a soruldu: Kelepçeyi nasıl açtın?

Dedi: Ben de bilmem. Fakat olsa olsa namazın kerametidir.